现代档案管理工作的探索与实践

吴凡媛　常　愉　王宝杰 ◎ 著

吉林文史出版社

图书在版编目（CIP）数据

现代档案管理工作的探索与实践 / 吴凡媛 , 常愉 ,
王宝杰著 . -- 长春 : 吉林文史出版社 , 2024. 9.

ISBN 978-7-5752-0668-6

Ⅰ . G271

中国国家版本馆 CIP 数据核字第 2024XL2508 号

XIANDAI DANG'AN GUANLI GONGZUO DE TANSUO YU SHIJIAN

书　　名	现代档案管理工作的探索与实践
作　　者	吴凡媛　常　愉　王宝杰
责任编辑	孙佳琪
出版发行	吉林文史出版社
地　　址	长春市福祉大路 5788 号
网　　址	www.jlws.com.cn
印　　刷	北京四海锦诚印刷技术有限公司
开　　本	710 mm × 1000 mm　1/16
印　　张	13
字　　数	201 千字
版　　次	2025 年 3 月第 1 版
印　　次	2025 年 3 月第 1 次印刷
定　　价	58.00 元
书　　号	ISBN 978-7-5752-0668-6

前　言

在信息化高速发展的今天，档案管理工作正面临着前所未有的挑战与机遇。传统的档案管理模式已难以满足现代社会对信息高效、准确、安全管理的需求。为了适应这一变革，我们有必要对现代档案管理工作进行深入的探索与实践。正是在这样的背景下，我们编写了《现代档案管理工作的探索与实践》一书，旨在为档案管理工作者提供一套全面、系统的理论框架和实践指南。

《现代档案管理工作的探索与实践》一书从档案管理的概念、属性、类型和作用入手，系统梳理现代档案管理工作的基本内容、安全管理、服务模式创新及新技术应用等方面，力求为档案管理工作者提供一本既有理论深度又有实践指导价值的参考书。本书首先，介绍档案的基本概念、类型、作用以及档案管理工作的基本内容和安全管理。其次，重点探讨档案管理与服务模式的创新以及新技术在档案管理工作中的应用。最后，结合企业、医院和教育机构等具体实践案例，对现代档案管理工作的实践创新进行深入研究。在内容安排上，力求做到理论与实践相结合，既注重理论体系的完整性，又关注实践操作的可行性，同时，还引入大量国内外最新的研究成果和实践经验，使本书内容更加贴近实际，富有前瞻性。

《现代档案管理工作的探索与实践》一书的出版，不仅为档案管理工作者提供一套全面、系统的理论框架和实践指南，有助于提升他们的专业素养和管理水平，还为档案管理工作者提供丰富的思路和方法；同时，本书结合具体实践案例对现代档案管理工作的实践创新进行深入研究，也为其他行业和组织提供有益的借鉴与参考。由于笔者水平有限，加之时间仓促，书中所涉及的内容难免有疏漏之处，希望各位读者多提宝贵意见和建议，以便笔者进一步修改，使之更加完善。

目　录

第一章　档案与档案管理概论

第一节　档案的概念及属性

一、档案的概念

（一）档案的起源与发展演变

档案是人类社会发展到一定历史阶段的产物，它来源于人类社会的实践，与文字、文书的产生，以及阶级、国家的出现有着密切的联系联系。它的产生与发展经历了一个漫长的历史过程。

文字未产生之前，人们相互交往是靠语言和动作。各种事情通过口耳相传会受到时空的限制，既传得不远，且容易遗忘和失真，更无法准确地贮存起来留传后人。后来，人们利用"结绳"和"刻契"等方法记录事情，表达思想。所谓"结绳"，就是在绳子上打成不同样式、不同大小，甚至涂上不同颜色的结子，以表示和反映某一事情。所谓"刻契"，即是在木片、竹片、甲骨上刻上各种符号，记录某一事情。这种记事表意的方法，在一定时间、一定范围、一定地方有大致相同的规定和含义，在一定程度上记录和反映了人们的某些活动，可起到备忘、信守等作用。因此，后人往往从这个意义上认为"结绳"和"刻契"是档案的最初起源。但是由于这种事物不能准确地表达人们的思想和意图，所起的凭证、备忘等作用有很大的局限性，记录和反映的事物不全面准确，所以人们又认为"结绳"和"刻契"还不是科学意义上的档案。科学意义上的档案必然与文字、文书和阶级、国家的产生有着密切的联系。

文字的产生是档案产生的重要条件之一。文字产生后，人们就将文字作为记载各种活动的工具，通过文字记录、传达各种事情。同时，随着生产的发展，阶级、国家的出现，这些文书、来往书信以及各种原始记录性文献，为备日后查阅，采取一定方式保存起来，就转化成为档案。世界上现存最古老的档案是我国商代的甲骨档案和西亚古巴比伦时代的泥版档案。这些古老档案都是文字、阶级、国家的综合反映，即以文字为记录工具，记载和反映了当时国家机构、政务管理、土地征用、户口调查、征收赋税、官员任命等方面的活动。

据现有史料记载，"档案"一词在我国最早出现于明末清初。据说在顺治年间的官府文件中已出现了"档案"一词，例如顺治十五年（1658）浙江巡抚陈应泰揭帖中就出现了"档案"一词。现存清代档案康熙十九年（1680）的《起居注》上亦出现"档案"一词，即"上问马哈喇之父与叔皆殁于阵……皆松山等处事，部中无档案"。可见档案一词作为书面用语已经在清代出现，作为口头用语是否会出现在更早的时代尚待考证。许同莘的《公牍学史》认为唐虞以前已有"档案"的说法。

在"档案"一词未出现之前，与此相应的名称是"典册""中""典籍""图籍""文献""文书""文案""案卷""案牍""簿牍"等。虽然各个时代的称谓不同、名称各异，但其内涵基本相同，都具有档案的特征和功能。

在国外，"档案"一词来源于希腊文"Αρχειον"，后用拉丁字母对应拼为"Archeion"。古希腊人把办理公务的地方叫作Archeion，也指存放档案的地方。后来既指存放档案的地方，也指档案本身，主要指政府的公共档案。古罗马人继承了古希腊人的传统，在拉丁文里出现了Archivum一词，既指档案馆（库），也指档案文件。"文艺复兴"后，各国由Archivum演变而来的术语才广泛流行起来。随着历史的演变和各国的传播，档案一词广泛沿用至今，它所代表的概念、含义基本固定下来。在西方很多国家，"档案"一词具有相同的词根，语音也十分相近。

虽然"档案"一词已有较长的历史，但对于档案定义并没有统一的看法。这种情形至今没有多大改变，除了增加一些新的定义之外，仍然没有一个权威的定义。这未尝不是一件好事，至少说明档案学是一门发展着的科学，值得深入发掘。行学术研究，出现多种定义也是正常现象，只有在不断思索、探讨的基础上，才能做到统一。只有做到统一，才便于对档案进行管理和利用。

迄今为止，国内外关于档案的定义有不小的差别，仅仅从一国的档案定义出发研究，应该说范围较狭小，所得到的结论不可能十分深入，其正确反映客观规律的程度也就受到了限制。为此，应该拓宽研究基础，放眼全球，把所有国家或者大多数国家的档案概念都包容在我们的研究范围之内，我们选择多种档案定义是为了从这些定义中了解到一些共性，得到启示，从而更准确地把握档案这一事物的本质特征。

（二）档案的定义

1. 中国档案界关于档案定义的表述

档案，这个词汇由"档"和"案"两个字组成，蕴含着丰富的历史和文化内涵。在古代，"档"和"案"分别代表着存储和记录的工具，而将它们结合起来，便形成了我们今天所理解的"档案"概念。

首先，我们回溯到档案的起源。在古代，文字和信息被记录在木制的"案"上，这些"案"不仅作为书写的工具，也是存储信息的容器。随着时间的推移，"档"这个词汇逐渐演化出"横木框档"的含义，它指的是用来放置和分隔物品的横木。当"档"和"案"结合使用时，就形成了一个专门用来存放和保护重要文书的系统，即我们今天所说的"档案"。

随着历史的演进，档案的定义也在不断发展。在清代，杨宾和徐珂等学者开始为档案下定义，他们强调了档案作为文字记录的本质，以及其在存储和传递信息方面的重要性。到了20世纪三四十年代，随着档案学的兴起，周连宽、何鲁成等学者进一步明确了档案的定义，将其界定为处理完毕并保存以备查考的公文。

中华人民共和国成立后，由于国家对档案工作十分重视，档案事业得到了快速发展。档案学者们对档案的定义也进行了深入的研究和探讨。他们指出，档案不仅是国家机关的公务文书，还包括了技术文件、图纸、照片、影片、录音带等各种形式的历史纪录。这些记录是过去和现在的国家机构、社会组织及个人从事各种活动的真实凭证和原始记录。

到了现代，档案的定义更加完善和精确。根据《中华人民共和国档案法》的规定，档案是指过去和现在的国家机构、社会组织及个人从事政治、军事、经济、科学、技术、文化、宗教等活动直接形成的对国家和社会有保存价值的各种文字、图表、声像等不同形式的历史纪录。这一定义不仅强调了档案的历史性和价值性，还涵盖了档案的各种形式和载体。

同时，档案的定义也反映了档案工作的重要性和意义。档案作为人类活动的真实记录，具有不可替代的历史价值和文化价值。它们不仅是研究历史、了解社会的重要资料，也是维护国家主权、促进社会发展的重要依据。

综上所述，档案是指社会组织或个人在以往的社会实践活动中直接形成的具有清晰、确定的原始记录作用的固化信息。这些记录以文字、图像、声音等多种形式存在，保存在档案机构中，以备查考和研究。档案不仅是历史的见证者，也是未来的启示者。它们承载着人类文明的记忆和智慧，为我们提供了宝贵的经验和教训。

2. 国外关于档案定义的表述

档案的定义在世界各国中呈现出多样性，这源于不同国家的历史背景、档案特点、作用及其形成规律。从荷兰到法国，从意大利到德国，再到英国、苏联和美国，每个国家都根据自身的文化和法律环境，对档案给出了独特的定义。

荷兰档案学者强调档案是行政机关或官员正式收到或产生的文件总和；法国则将其描述为文件的组合，包括手稿和印刷文件；意大利则突出了档案作为文件系统积累物的特性，这些文件由机构或个人在活动中产生并保存；德国档案学家阿道夫·布伦内克则进一步指出，档案是在法律性或事务性活动中产生的文件和文献的总和。

英国档案学者希拉里·詹金逊将档案定义为行政事务过程中产生并保存以备查考的文件；苏联则强调档案是机关、个人、家族在活动中形成的文件材料总和；美国档案学家谢伦伯格则聚焦于档案的保存价值，认为档案是业已藏入或准备藏入档案机构的、值得永久保存的文件。[①]

从这些定义中，我们可以看到几个共同的要素：档案的形成者（个人、机构、政府等）、形成过程（在活动过程中产生或收到）、保存目的（以备查考或研究）、形式（包括文字、图像、声音等多种载体）。这些要素构成了档案定义的基础。

---

① 朱玉媛. 档案学基础 [M]. 武汉：武汉大学出版社，2008：17.

　　档案的定义不是一成不变的，它随着社会的发展而不断演变。从最初的直观外形特征到对档案本质特征的深入揭示，人们对档案的认识逐渐深化。档案不仅是历史的记录，更是文化传承和科技进步的宝贵财富。

　　在现代社会，我们可以将档案定义为：档案是社会组织或个人在社会活动中形成的、具有保存价值的、经过整理分类并保存于档案机构中的历史纪录。这些记录可以是文字、图像、声音等多种形式，它们记录了人类社会的各种活动，是了解历史、研究现状、预测未来的重要依据。

　　通过这一定义，我们可以更好地理解档案的本质属性和价值，进一步推动档案事业的发展，为社会的可持续发展提供有力支持。

二、档案的属性

（一）档案的属概念

　　探讨档案的属概念，即档案的上位概念时，我们不难发现学界对此有着多种不同的观点，如"文件说""记录说""材料说"等。然而，每种观点都有其特定的局限性和不足之处。通过深入分析这些观点，并结合当前社会的发展趋势和档案工作的实际需求，本书认为将"文献"作为档案的属概念更为恰当。

　　"文件说"认为档案是某种文书、文件或文件材料的转化形式。尽管这种观点直观地反映了档案与文件的密切联系，但容易引发对档案定义的狭隘理解。传统上，人们往往将文件等同于公文，这限制了档案概念的广泛性。此外，过分强调文件作为档案的属概念，可能使人们误以为档案仅服务于党政工作，忽视了其在生产建设、经济活动、科学研究以及人们日常生活中的重要作用。

　　"记录说"强调档案作为原始记录或历史纪录的本质特征。虽然原始记录性是档案的重要属性之一，但将档案仅仅定义为原始记录或历史纪录，容易让人误以为档案仅限于原稿、原件，而忽视了档案形式的多样性。此外，这种定义还可能使人们错误地认为档案仅与过去的历史有关，而忽视了档案在现代社会中的价值和作用。

　　"材料说""材料"作为档案的属概念，虽然涵盖了档案的物质形态，但外延过于宽泛。材料一词在日常生活中涵盖了众多领域，如工业、农业生产上的原材料、建筑材料等。这种定义无法准确揭示档案的本质属性和特定价值。

相比之下，"文献"作为档案的属概念更具优势。文献是知识信息与其物质载体的统一体，涵盖了文字、图形、符号、声频、视频等多种记录形式。档案作为记录历史、传承文化的重要载体，自然属于文献的范畴。将档案置于文献的框架下，不仅有助于拓宽档案的外延，还强调了档案作为知识信息资源的价值。

将档案归属于文献范畴，还有助于将档案工作纳入文献工作体系，促进档案事业与其他文献事业的融合发展。在信息时代和知识经济背景下，文献信息资源已成为社会发展的重要支撑。将档案作为文献的一种形式进行管理和利用，有助于实现档案文献信息资源的共享和高效利用，为社会发展提供有力支持。

（二）档案的本质属性

档案，作为人类社会活动中不可或缺的一部分，承载着记录历史、传承文化的重要使命。在众多的文献中，档案以其独特的本质属性——原始记录性，与其他类型的文献相区别，彰显出其不可替代的价值。

1. 档案的原始记录性体现在其形成的直接性上

档案是人类在社会实践活动中直接形成的，它们不是事后编写或另外收集的，而是特定的形成者在当时当地履行职能任务和进行其他活动时产生的。这种直接性使得档案能够真实地反映人类社会活动的过程与面貌，成为研究历史、了解社会的重要资料。

2. 档案的原始记录性也体现在其形成的目的上

档案的产生与形成不是为了供人阅读、欣赏，而是为了处理当时某种事务、进行某项工作、开展某项活动的需要。由于这些事务、工作或活动完成后，档案对于机关工作、经济建设、科研生产等方面仍有重要的查考、凭证等功用，因此被归档保存起来。这种实用性和目的性，使得档案具有极强的原始记录性，成为维护历史真实性的重要工具。

3. 从档案的形式与内容来看，其原始记录性表现得尤为明显

档案的形式和内容上往往保留着原始标记，如签名、批示、印信等，这些标

记反映了档案形成者的笔迹、名称、声音、图像等原始信息。这种高度的原始记录性使得档案在鉴别真伪、追溯历史等方面具有独特的优势。

与其他类型的文献相比，档案的区别主要表现在以下三个方面：

一是形成方式的区别。档案是特定的形成者直接使用的各种文献的转化物，而图书、情报、资料等则是人们思考、编写出来的供人们学习、阅读、研究之用的。这种形成方式的区别使得档案具有更强的真实性和原始性。

二是修改性的区别。档案一经形成之后，不能进行修饰、涂改和删除，否则会破坏其历史原貌，使档案失真。而其他文献形成之后，可以根据形成者的思想、观点进行改写和修订。这种不可修改性使得档案在维护历史真实性方面更具优势。

三是保存方式的区别。档案是指"以备查考利用而归档保存"的那一部分文献，它们按照一定的规则和原则进行归档保存，以便未来查阅和利用。而其他文献则不一定需要归档保存，它们可能以各种形式存在于社会之中。

综上所述，档案的本质属性在于其原始记录性。这种原始记录性使得档案在记录历史、传承文化方面具有独特的价值和意义。在数字化时代，电子档案的出现虽然给档案的定义和属性带来了新的挑战，但只要电子档案文件内容是当时由原作者撰写或制作，且此后未经修改过的，我们就应该承认其原始记录性。因此，无论是纸质档案还是电子档案，都应该得到妥善地保存和利用，以维护历史的真实性和传承文化的完整性。

（三）档案的一般属性

档案的一般属性，不是档案事务所特有的，是与档案同类的事物所共同具有的属性，包括文化性、知识性、信息性、社会性、有机联系性等。

1. 文化性

档案是人类社会发展到一定历史阶段的产物，是人类文明进化的结果。从远古的"结绳""刻契"到今天的录音、录像，从古代的龟甲、兽骨到当今的硬盘、优盘，不论是档案的实物载体，还是符号载体及信息内涵，无不铭刻着人类文化时代印记。因此，无论站在历史角度，还是站在未来的角度审视档案，我们都无法否定档案是人类社会宝贵的文化财富。档案是人类社会连续性发展的桥梁，是人类社会历史的浓缩，透过档案我们能够触摸到人类社会绵延不断的"脉搏"。如果没有完好的档案保留下来并留存下去，人类社会发展的历史将变得神秘莫测，人类社会发展的连续性也将会被阻隔。

2. 知识性

知识是人类社会实践经验的总结，而档案正是在社会实践中产生和形成的，并如实地记录和反映了社会实践活动的过程。它的产生是为了工作的需要，不是为了传播知识，但它形成之后，则具有知识性，它是知识存储的一种形式。档案中蕴藏着人类丰富的知识，有关国家兴衰、社会变革、机构演变、人员调动，以及政治经济、科学技术、文化教育、历史事件、边界疆域、行政区划、地质水文、物产资源、天文气象、交通运输、自然灾害、风俗民情、军事外交等。

3. 信息性

档案中不仅蕴藏着丰富的知识，而且具有许多信息。在日常生活中，有的把信息作为通信的消息来理解；有的认为是人们进行运算和处理所需要的条件、内容和结果，并常常表现为数字、数据、图表和曲线等形式；信息作为科学名词，又有多种解释，"用以消除随机不确定性的东西"是较通用的观点。信息又可分为自然信息、社会信息、文献信息、固化信息、静态信息、流动信息等若干类。档案显然属于文献信息、固化信息。档案信息除了具有一般文献信息的共同特征，即可识别性、可转换性、可存储性、可传递性、可再生性、可扩充性、可压缩性、可开发性等以外，还具有本源性、凭证性、有序性、回溯性、滞后性、隐蔽性（潜在性）等特点。

4. 社会性

档案，记录社会脉络，承载人类智慧。个人生活、国家要事，皆可能成为档案。它们不仅是记录者，更是参与者，以各种形式描绘社会活动，为社会运行提供依据。法律文件、政策文件等档案资料，保障公正，支持决策，是社会管理的关键工具。

档案更是社会记忆的载体，维系时空统一与连续性。它们保存过去，帮助我们理解现在，预见未来，为社会进步提供历史参照。例如，历史档案对国际关系的记录，为当前外交政策提供历史借鉴。同时，档案的形成、保存和利用过程也反映社会规则和科技发展的影响。档案的收集、鉴定、保管等环节需要社会规范，科技进步则塑造了电子档案、数字档案等新形式，显示社会进步对档案形式的深刻影响。

5. 有机联系性

无论是政府机构的公务文件，工矿企业的图纸、任务书、竣工图，还是个人的日记、手稿、照片，转化为档案时，一般是按其来源、时间、内容等归档，具有密切的联系。离开了特定的机构、个人以及特定的时间、活动内容，将打乱这种有机联系性，起不到应有的作用。例如在一个机构里，档案往往是以司、处、科、室或院、系、室等内部职能机构为单元，按一定时间秩序形成并不断积累的，在来源上和时间上都具有一定的延续性与相对的稳定性，在内容上具有密切联系，如果在档案材料的形成、归档中不掌握这一属性，就会使档案材料残缺短少，影响其作用的发挥。

第二节　档案的类型及作用

一、档案的类型

随着科学技术的发展和社会文明的进步，档案内容愈来愈丰富，档案种类亦愈来愈繁杂。每种档案都有其自身的特点，要使用相应的管理方法。准确划分档案的种类，便于人们从多角度去认识档案事物，便于掌握各种档案的特点及形成规律，也便于各种档案的管理。

关于档案种类的划分，有管理性的和认识性的分类之分。所谓管理性档案分类方法，主要用于档案管理实践操作，每次分类只能使用一种标准与方法。而且一般不能使用界限模糊的分类方法，否则会造成归类操作上的困惑与混乱。实际档案管理工作中只能选择一种标准，而且主要指全宗内档案的分类，不是对所有档案进行认识上的、概念上的分类。认识性分类与管理性分类是有区别的。认识性分类对档案种类划分，主要是对档案概念外延的划分，包括古今中外形成的所有档案。也就是在档案总概念下，分为若干具体的档案概念。由于档案是一种复杂的事物，存在于社会的各个领域，从不同角度反映了人们的社会实践活动，仅按一种划分标准是不够的，必须根据某些方面的异同点进行分门别类，从多种角度逐层次加以划分，每一相同层次根据一个标准划分，每一种划分都有各自的功用。

（一）以档案形成者划分

档案按形成者可分为国家机关档案、社会组织档案、企业档案、事业单位档案、家庭档案和个人档案等。这种划分方式便于档案机构按每个独立的机构、组织划分档案全宗，并有利于社会公众的档案意识提升，尤其是对家庭和个人档案的重视与保存。进一步地，档案还可分为公务档案和私人档案，前者主要在公务活动中形成，后者则主要在私人活动中形成。

（二）以档案内容范围划分

档案按内容范围可分为综合性档案和专门档案。综合性档案内容广泛，如文书档案；而专门档案则指特定领域或专业活动中形成的档案，如会计档案、科技档案等。专门档案具有专门性、特定对象和特殊文件处理程序等特点，为科学管理专门档案提供了基本依据和方法。

（三）以档案内容性质划分

档案按内容性质可分为文书档案、人事档案、诉讼档案、会计档案等。这种划分方式反映了社会上不同部门、不同事业工作内容的差异，有助于人们从不同角度检索利用特定需要的档案。

（四）以档案载体形式划分

档案按载体形式可分为石刻档案、纸质档案、电子档案等。这种划分方式反映了档案在不同历史时期和技术条件下的存在形式，对档案管理和提供利用方式提出了不同的要求。

（五）以档案所属时期划分

档案按所属时期可分为历史档案和现行档案，也可细分为古代档案、近代档案和现代档案。这种划分方式有助于认识档案的时代特点，对档案的保存和利用具有重要意义。

（六）以档案所有权形式划分

档案按所有权形式可分为国家所有档案、集体所有档案和个人所有档案，也可分为公共档案和私人档案。这种划分方式强调了档案所有权的归属，对不同所有权形式的档案提出了不同的收集和管理要求。

（七）以档案语种划分

档案按语种可分为中文档案和外文档案。这种划分方式有助于人们从不同语种的角度去利用档案，尤其在国际交流日益增多的今天，外文档案的重要性日益凸显。

（八）以档案来源的存在形式划分

档案按来源的存在形式可分为公文、信函、图表、照片等多种形式。这种划分方式强调了档案的具体形态和来源，有助于增强人们的档案意识，促使人们对各种形式的原始记录进行妥善保管。

（九）以档案内容所反映的社会实践活动的性质划分

档案按内容所反映的社会实践活动的性质可分为生产管理活动档案、社会管理活动档案、科学研究活动档案等。这种划分方式有助于我们理解档案与社会实践活动之间的关系，以及档案在社会发展中的作用。

（十）以档案的产生领域划分

档案按产生领域可分为社会管理领域档案、科学技术领域档案、医疗卫生领域档案等。这种划分方式有助于我们了解档案在各个领域中的应用和价值，以及各领域档案的特点和管理要求。

档案的类型多种多样，每种划分方式都有其独特的功用和意义。在实际工作中，我们应根据具体需要和实际情况选择合适的划分方式，以便更好地进行档案的收集、整理、保存和利用工作。

二、各类档案的特点

（一）行政档案

行政档案是政府机构在履行其行政职能、管理公共事务过程中产生的档案。这些档案具有显著的政策性和权威性。

1. 政策性

行政档案记录了政府机构在决策、执行、监督等各个环节中的活动，这些活动往往与政策的制定、实施和评估密切相关。因此，行政档案是政策研究、政策分析和政策制定的重要依据，具有极强的政策性。

2. 权威性

由于行政档案是由政府机构产生和保管的，它们代表了政府的立场和决策，具有法定的权威性和约束力。这些档案可以作为法律证据、政策依据等，为政府决策提供支持，确保政府活动的合法性和有效性。

（二）科研档案

科研档案是科研人员在科学研究过程中形成的档案，包括实验数据、研究报告、论文等。这些档案具有鲜明的学术性和创新性。

1. 学术性

科研档案是科研人员研究成果的载体，记录了科研人员对某一领域或问题的深入研究和探索。这些档案反映了科研人员的研究思路、方法和成果，具有很高的学术价值。它们为科研人员之间的交流、合作和学术评价提供了重要依据。

2. 创新性

科研档案记录了科研人员的新发现、新观点和新方法，是科学创新的重要见证。这些档案对于推动学科发展、促进科技创新具有重要意义。它们不仅丰富了人类的知识宝库，也为社会发展提供了强大的科技支撑。

（三）教育档案

教育档案具有鲜明的教育性和管理性。

1. 教育性

教育档案记录了学生的学习成长过程，反映了学校的教育质量和教育成果。这些档案对于评估学生的学习情况、指导学生的学习方向、促进学生的全面发展具有重要作用。同时，教育档案也是学校进行教学研究、教学改革的重要依据。

2. 管理性

教育档案也是学校进行学生管理、教师管理及教育管理的重要依据。通过对这些档案的整理和分析，学校可以更好地了解学生的学习情况、教师的教学情况及学校的教育资源分配情况，从而做出更科学、更合理的管理决策。

（四）电子档案

电子档案是以电子形式存储的档案，具有易于存储、传输和检索的特点。

1. 易于存储

电子档案以数字形式存储，占用的物理空间小，可以大量存储于计算机硬盘、云存储等设备中，便于长期保存和管理。

2. 易于传输

电子档案可以通过网络进行快速传输，无论是本地传输还是远程传输都非常方便，这大大提高了档案的使用效率和共享性。

3. 易于检索

电子档案可以通过关键词、标签等元数据进行快速检索，使得用户能够迅速找到所需的档案信息，提高了档案信息的利用效率。这些特点使得电子档案在现代社会中得到了广泛应用。

三、档案的作用

档案种类繁多、内容丰富，因而档案的作用也是多侧面、多层次的，分析与研究档案的作用，是了解和研究档案作用的本质与规律，充分发挥档案作用的前提。

（一）历史纪录

档案作为历史的见证和记录，承载着人类社会的丰富历史信息，对于研究历史具有不可替代的重要意义。无论是国家的历史变迁、社会的发展进步，还是个人的成长经历，档案都为我们提供了宝贵的历史资料。

1. 国家历史变迁的见证

档案详细记录了国家在政治、经济、文化等方面的历史变迁。例如古代王朝的兴衰、战争与和平的交替、政策的制定与执行等，都在档案中留下了深刻的印记。通过查阅这些档案，我们能够更加清晰地了解国家历史的发展脉络，揭示历史发展的规律和趋势。

2. 社会发展的记录

档案也是社会发展的重要记录。从工业革命到信息化时代，从农业社会到现代都市，档案记录了人类社会的巨大变革。从人口统计、城市规划、科技进步到文化交流，档案为我们提供了丰富的社会发展信息，有助于我们更好地认识和理解现代社会。

3. 个人成长经历的记录

档案还记录了每个人的成长经历。无论是出生证明、学籍档案、工作履历还是荣誉证书，这些档案都见证了每个人的成长轨迹。通过查阅这些档案，我们能够更加深入地了解一个人的成长经历，理解他们的思想、行为和成就。

（二）决策支持

档案为政策制定、决策支持提供重要依据，在政府决策和政策制定中发挥着重要作用。通过查阅和分析档案中的历史数据与经验教训，决策者能够更加科学地制定政策，提高决策的有效性和针对性。

1. 历史数据的参考

档案中保存了大量的历史数据，包括经济、社会、文化等各个方面的统计数据。这些数据为政策制定提供了重要的参考依据。决策者可以通过分析这些数据，了解历史发展的规律和趋势，预测未来的发展趋势，从而制定出更加符合实际需求的政策。

2. 经验教训的借鉴

档案中还记录了历史上的成功经验和失败教训。这些经验教训对于政策制定具有重要的借鉴意义。决策者可以通过查阅和分析这些档案，了解历史上类似问题的处理方式和方法，避免重蹈覆辙，提高政策的可行性和有效性。

3. 现实问题的指导

档案中的历史纪录还可以为现实问题的解决提供指导。例如在经济发展、环境保护、社会稳定等方面面临的问题，都可以通过查阅相关档案找到历史上的类似案例和解决方案。这些案例和方案可以为现实问题的解决提供重要的参考与借鉴。

（三）学术研究

档案是学术研究的重要资料，为学者提供第一手资料。档案在学术研究中具有不可替代的重要作用。作为第一手资料，档案为学者提供了丰富的研究素材、真实可靠的研究依据，有助于推动学术研究的深入发展。

1. 丰富的研究素材

档案中保存了大量的历史文献、原始记录、实物资料等，为学者提供了丰富的研究素材。这些素材不仅数量庞大、种类繁多，而且真实可靠，具有较高的历史价值。学者可以通过查阅这些档案，获取大量的研究资料和灵感来源，推动学术研究的深入发展。

2. 真实可靠的研究依据

档案作为第一手资料，具有真实可靠的特点。与二手资料相比，档案更加接近历史真相和事实真相，能够为学者提供更加准确、可靠的研究依据。通过查阅档案中的原始记录和实物资料，学者可以更加深入地了解历史事件和人物的真实情况，提高研究成果的准确性和可信度。

3. 推动学术研究的深入发展

档案还具有推动学术研究深入发展的作用。通过查阅和分析档案中的历史数据与经验教训，学者可以发现新的研究问题和研究方向，推动学术研究的不断拓展和深化。同时，档案中的丰富素材还可以为学者提供新的研究方法和视角，促进学术研究的创新和发展。

（四）文化传承

档案作为人类文化遗产的重要组成部分，承载着丰富的文化信息和价值观念。通过查阅和利用档案，我们可以更好地传承人类文化，促进文化的交流与融合。

1. 传承人类文化

档案中保存了大量的文化遗产和历史记忆，包括文学作品、艺术作品、科技成果等。这些文化遗产是人类智慧的结晶和精神财富的重要载体。通过查阅和利用这些档案，我们可以更好地了解和传承人类文化，弘扬民族精神和时代精神。

2. 促进文化交流与融合

档案不仅是本民族文化的重要载体，也是世界文化的重要组成部分。通过查阅和利用不同国家和地区的档案，我们可以了解不同文化的特点和差异，促进不同文化之间的交流和融合。这种文化交流与融合有助于增进不同民族之间的了解和友谊，推动世界文化的多样性和繁荣发展。

3. 弘扬民族精神和时代精神

档案中还蕴含着丰富的民族精神和时代精神。通过查阅和利用档案中的历史文献与实物资料，我们可以更加深入地了解民族历史和文化传统，弘扬民族精神。同时，档案中还记录了不同历史时期的时代精神和社会风尚，这些精神风尚对于激励人们奋发向上、追求进步具有重要意义。

第三节　档案管理工作的含义

我国自殷商时期就有了对档案的保管工作，在之后几千年的岁月里，档案工作经过奴隶制时期的以官吏为主体的管理阶段、封建制时期的档案库房管理阶段、中华民国时期的档案室管理阶段，进入到中华人民共和国成立以后的以现代档案馆和档案室工作为核心的档案事业阶段。近年来，档案资源体系建设、档案利用体系建设和档案安全体系建设已经成为我国档案事业发展的战略目标，更是各单位档案发展工作方向的指针。

一、档案管理工作的内容及性质

（一）档案管理工作的内容

档案工作就是用科学的原则和方法管理档案，为党和国家各项工作服务的工作。它的工作内容从广义上说，是指档案事业所包括的档案馆工作、档案室工作、档案事业管理工作、档案教育、档案科学研究、档案的宣传及出版等。从狭义上说，是指档案业务工作所包括的档案的收集、整理、鉴定、保管、检索、编研和提供利用、统计等八个环节。由于我国的档案管理工作分布在档案室和档案馆两层机构中，所以这两层机构的工作内容既有相互衔接的部分，也有一些需要反复操作的部分。

1. 档案收集工作

这是档案室（馆）依法接收单位的归档文件、现行机关档案、撤销机关档案，以及征集历史档案的活动。其目的是积累丰富馆藏档案资源。

2. 档案整理工作

档案室（馆）根据档案的形成规律，对其进行分类、立卷、编制目录的过程。其目的是建立有序化的档案实体保管系统，便于档案的日常维护、调阅和归卷。

3. 档案鉴定工作

档案鉴定工作分为归档鉴定和复审鉴定，是档案室（馆）判定档案存毁和划定保管期限的活动。其目的是优化馆藏，提高档案管理和利用的效率。

4. 档案保管工作

这项工作的主要内容是对库房内的档案进行有序管理，控制危害档案物质载体和书写材料的各种因素。其目的是延长档案的寿命，维护档案的安全。

5. 档案检索工作

档案室（馆）编制档案检索工具，建立手工和计算机档案检索体系。其目的是方便利用者查阅档案。

6. 档案编研工作

是指档案室（馆）根据单位或社会的需要，利用馆藏档案编辑档案文献汇编、档案参考资料、历史研究作品等出版物的活动。它具有信息开发工作的性质。

7. 档案提供利用工作

是指档案室（馆）通过阅览、借阅、复制、展览、网站等途径将档案原件、复制件、档案信息直接提供给利用者的活动。它直接体现了档案工作的服务功能。

8. 档案统计工作

这项工作包括档案室（馆）内部的登记和统计工作，以及按时填报国家统计文件的工作。其目的是及时掌握档案管理工作的状况，不断调整和完善档案工作。其中，档案收集、整理、鉴定、保管、检索、编研属于档案资源体系建设的范畴，档案提供利用属于档案利用体系建设的范畴，档案安全体系建设贯穿于档案管理工作的全过程，而档案统计工作则是对整个档案工作的状态进行记录和反馈的环节。

（二）档案管理工作的性质

档案管理实际上是一种为单位和社会提供档案信息保障的工作。从工作性质来看，它具有服务性和机要性。服务性主要表现为：档案室（馆）的工作目标就是积极主动地为本单位和社会的各项工作提供优质的档案实体管理与档案信息服务；同时，也只有通过提供优质的服务才能促进档案管理工作的开展。档案管理的机要性在于：档案中总会有一些涉及国家或单位政治、经济、技术、人事等机密的内容，那么档案管理工作就必然承担着保护档案机密安全的责任。

档案管理工作的性质要求我们：一是要熟练地掌握档案管理的业务内容、技能和规范；二是严格遵守职业道德，学会运用档案管理工作的原则，灵活地处理各种具体问题，充分发挥档案管理在各项工作中的信息保障作用。

二、档案的管理机构

（一）档案室

档案室是机关、团体、企业、事业单位中负责管理本单位档案的机构，是国家档案事业系统的基层组织。它是一个单位档案信息存储、加工和传输的服务部门，与本单位的领导和各组织机构发生联系，为领导决策、处理工作、组织生产、进行科研等活动提供依据和参考材料。档案室是集中统一管理本单位档案的部门，是单位内部具有信息服务与咨询性质的机构，一般情况下不对外开放。目前，一般的大、中型单位内部都设有档案室；而在那些规模小、人员少、内部机构少或无内部机构的单位，则可以指定专职或兼职的人员负责档案管理工作。

1. 档案室的职能

根据国家档案局制定的《机关档案工作条例》和《机关档案工作业务建设规范》的规定，档案室的职能主要有以下四个方面：

第一，对本单位文书部门或业务部门文件材料的归档工作进行指导和监督。

第二，负责管理本单位的全部档案，积极提供利用，为单位各项工作服务。

第三，按规定向档案馆移交应进馆的档案。

第四，办理领导交办的其他有关的档案业务工作。

2. 档案室的类型

单位的性质、职能不同，其形成的档案的门类也有一定的差异，由此，档案室有如下类型：

（1）文书档案室

文书档案室也称为机关档案室，主要负责保管本单位党、政、工、团等组织的档案，中型以上的单位均设有这类档案室。

（2）科技档案室

科技档案室是负责保管科研、设计、生产过程中形成的科技文件材料的档案机构，一般设在科研院所、设计院所、工矿企业等单位。

（3）音像档案室

音像档案室主要负责保管影片、照片、录音带和录像带等特殊载体与记录方式的档案，新闻、广播、电视、电影、摄影部门中设有这类档案室。

（4）人事档案室

人事档案室是集中保管单位员工档案的机构，一些大型单位在人事部门中设有这类档案室。

（5）综合档案室

综合档案室是集中统一保管本单位各门类档案的机构。近年来，各单位新型门类档案的数量不断增加，使档案室收藏的档案向多门类发展，许多保存单一档案门类的档案室逐渐发展成为综合档案室。

（6）联合档案室（档案管理中心）

联合档案室（档案管理中心）是一些性质相同或相近、规模较小的单位共同设立的档案管理机构，其主要职责是集中统一保管各共建单位形成的档案。联合档案室是一种精简的、集约化的档案管理模式，比较适于规模较小的单位。

3. 档案室的体制

文书档案室、综合档案室通常设在单位办公厅（室）的下面，由办公厅（室）主任负责；联合档案室可以由共建单位协商，责成其中的某一个单位负责管理；科技档案室及其他专门档案室设在相关的业务部门下面，由业务负责人管理。比如在一些公司，科技档案室设在技术部门下面，由总工程师负责。而人事档案室一般由人事部门的领导负责。

（二）档案馆

档案馆是党和国家设置的科学文化事业机构，是永久保管档案的基地和对外提供档案服务的单位，因此，它成为社会各方面利用档案的中心。目前，我们国家各类档案馆的档案主要来源于单位的档案室，这样，档案室和档案馆之间就构成了交接档案的业务关系。由此，单位档案管理的质量将直接影响到档案的工作质量和效率。

1. 档案馆的职能

根据国家档案局制定的《档案馆工作通则》，档案馆的基本任务是：在维护党和国家历史真实面貌的前提下，集中统一地管理党和国家的档案及有关资料，维护档案的完整与安全，积极提供利用，为社会主义现代化建设服务。其具体职能如下：①接收与征集档案；②科学地管理档案；③开展档案的利用工作；④编辑出版档案史料；⑤参与编修史、志的工作。

2. 档案馆的设置和类型

（1）综合性档案馆

综合性档案馆是国家按照历史时期或行政区划设立的，保管多种门类档案的档案馆。综合性档案馆是对社会开放的档案文化设施，因此又可称为"公共档案馆"。

我们国家的综合性档案馆分为中央级档案馆和地方级档案馆两种类型。中央级档案馆包括中央档案馆（设在北京）、中国第一历史档案馆（设在北京）、中国第二历史档案馆（设在南京），它们保管着具有全国意义的各个时期的历史档案和现行单位的档案。地方级档案馆分为省（自治区、直辖市）级档案馆、地区级档案馆和县级档案馆，它们负责保管具有本地区意义的历史档案和现行单位的档案。

（2）专门档案馆

专门档案馆是收集和管理某一专门领域或某种特殊载体形态档案的档案馆，分为中央级和地方级两个层次。例如中国照片档案馆，大、中城市设置的城市建设档案馆等。

（3）部门档案馆

部门档案馆是中央和地方某些专业主管部门所属的，收集管理本部门档案的事业机构。例如外交部档案馆、北京市科学技术委员会档案馆等。

（4）企事业单位档案馆

企事业单位档案馆是一些大型企业集团或事业单位在内部设立的档案馆，主要负责集中保管集团或联合体所属各单位需要长远保存的档案。例如北京的首都钢铁公司档案馆、南京的扬子石化公司档案馆、上海交通大学档案馆等。企事业单位档案馆都是综合性档案馆，既收藏文书档案，也收藏科技档案和专门档案等，其兼有对内服务和对社会开放的双重性质。

此外，随着我国经济和社会的发展，以及社会各界收藏、保管、利用档案需求的增加，近几年来，我国除了国家的档案馆之外，还产生了一些新型的档案机构，例如"文件中心""档案寄存中心""档案事务所"等。其中，文件中心是为一个地区或系统中若干单位提供归档后档案保管服务的部门，它是介于文件形成部门和地方档案馆之间的过渡性的档案管理机构。档案寄存是由国家档案馆设立的，为各类单位及个人提供档案寄存有偿服务的机构。档案事务所则是为单位或个人提供档案整理、管理咨询等服务的一种商业性机构。

（三）档案局（处、科）

档案局（处、科）的性质是国家指导和管理档案工作的行政机关，也称为档案事业受理机关或档案行政管理机关。它的主要任务是：制定档案管理的规章、办法、业务标准和规范；制定档案工作的发展规划；对档案室和档案馆的工作进行业务指导、监督和检查；组织档案工作人员的业务培训和档案科学研究，以及对外宣传工作和国际交流活动等。

目前，我国的档案局是按行政区划分级设置的，分为国家档案局和地方档案局。地方档案局又分为省（自治区、直辖市）级档案局、地区级档案局和县级档案局，负责指导和管理本地区的档案事务。

档案处（科）是设置在专业主管机关中的档案行政管理部门，负责指导、监督和检查本专业系统内各单位的档案事务。

三、档案工作标准以及单位的档案管理制度

（一）档案工作标准

档案工作标准主要是指由国家档案局发布的档案业务规范，分为档案工作国家标准和档案工作行业标准。档案工作国家标准包括《文书档案案卷格式》《科学技术档案案卷构成的一般要求》《档案分类标引规则》《CAD电子文件光盘存储、归档与档案管理要求》《照片档案管理规范》《电子文件归档与管理规范》等；档案工作行业标准包括《档案工作基本术语》《科学技术研究课题档案管理规范》《全宗指南编制规范》《档案著录规则》《档案主题标引规则》《归档文件整理规则》《档案缩微品保管规范》《纸质档案数字化技术规范》《公务电子邮件归档与管理规则》等。档案工作标准规定了对各种档案及主要管理环节的操作要求与质量标准，既是建立标准化、规范化档案管理工作的依据，又是进行档案日常管理工作的操作指南，需要我们熟练地掌握和运用。

（二）单位的档案管理制度

一个单位，在档案管理工作中除了要执行国家有关档案工作的法律、法规、规章和标准外，还应该针对自身的工作特点和实际需要制定一些规范性文件，以便在工作中使用。一个单位的档案管理制度应主要包括如下内容：

1. 档案工作制度

档案工作制度是根据国家的法律、法规，对本单位档案的范围、档案管理体制、管理分工、职责、档案保密、档案利用原则等所做的规定，是本单位所有部门和工作人员都要执行的规范性文件。

2. 文件管理规范

文件管理规范包括归档范围、分类方案、整理归档要求等不同内容的文件，涉及单位文件处理部门和档案管理部门的分工与合作两方面的职责，是保证本单位档案在形成过程中完整、齐全的基础性文件。文件管理规范应该由单位的文书部门和档案部门共同制定。

3. 档案部门工作规范

档案部门工作规范包括档案室工作职责和规范、档案工作人员的岗位职责、档案管理的流程和要求、档案库房管理制度、专门档案管理制度、档案利用制度、内部资料管理制度等文件，涉及一个单位档案管理工作的各个方面，是一个单位档案管理活动中必须具备的操作性规范文件。

一个单位建立健全档案管理制度的基本步骤是：分门别类地列出需要制定的档案管理制度的目录，收集国家和所在地方立法机关、行政管理机关、专业主管机关等制定的档案法律、法规、行政规章和工作标准，查找上级单位和本单位行政管理的有关规定，深入研究本单位的工作情况、文件形成和运行情况，以及最近几年档案形成、管理利用的情况。在此基础上，应首先研究和确定本单位的档案管理体制与基本制度，制定出档案工作制度，然后再制定各方面具体的管理规范。当一整套档案管理制度的初稿完成后需要在单位内部广泛征求意见，认真审查文本，纠正不符合档案法规、标准的内容，调整各项规定之间的矛盾之处。定稿完成后需要以一定的形式在单位内部发布，开展宣传、培训、推行和实施等项工作。

四、档案管理工作的基本原则

《中华人民共和国档案法》第五条规定：档案工作实行统一领导、分级管理的原则，维护档案完整与安全，便于社会各方面的利用。

我国档案工作基本原则包括下述三个方面的内容：

（一）统一领导，分级管理

"统一领导，分级管理"是我国档案工作的组织原则和管理体制。"统一领导"是指全国的档案工作在法规、政策、组织、领导、规划、标准等方面的统一性。"分级管理"是指国家档案工作具体的管理层次和管理方式。

第一，国家全部档案由各级各类档案部门分别集中，并实行党政档案的统一管理。各单位的档案必须按照国家的法律和规定，由本单位的档案机构集中管理；同时，在一个单位中，共产党、行政、业务、工会、共青团等组织的档案都应由单位的档案机构集中保管，不得由个人分散保存或据为己有。各单位对国家和社会具有保存价值的需要长远保存的档案，均由各级各类档案馆集中保管；未经过规定和批准的手续，一切档案均不准被转移、分散和销毁。

第二，全国档案工作在各级人民政府的领导下，由各级档案行政管理机关统一地、分层分专业地进行指导监督和检查。在这里，"分层"是指档案行政管理机关按照行政区域和政府的管理层次，对各省（自治区、直辖市）、地区、县直至最基层单位的档案工作逐级实施管理；"分专业"是指按专业划分，如铁路、航空、教育、卫生等，由各个系统内部的档案行政管理部门对本系统的档案工作实施管理。

（二）维护档案完整与安全

维护档案完整与安全是档案工作的基本要求。维护档案的完整包括两个方面的含义：一方面，在数量上要求各单位归档的文件和移交给档案馆的档案要保持其实体成分的齐全；另一方面，在质量上要求对档案采用科学的方法进行整理，把它组织成为有序的体系。

维护档案的安全也包括两个方面的含义：一方面，要求维护档案物质实体的安全，避免档案载体和书写材料遭受损害，尽量延长档案的寿命；另一方面，要求保证档案的政治安全，即避免人为篡改、破坏档案和档案机密被泄露等事故的发生。

（三）便于社会各方面的利用

便于社会各方面的利用是档案工作服务性的集中体现和档案工作的最终目的。认识这一点有利于我们明确服务方向，以是否便于利用为检验档案管理质量的标准，把各项工作落实在为单位和社会提供优质服务上。

第四节　档案管理的职能和手段

一、档案管理的职能

档案管理是管理者为了达到一定的目的，在所辖范围内对所管对象的一系列组织和实施活动。管理者对所管对象的一系列组织和实施活动，是通过管理职能来实现的。档案管理主要有以下职能：

（一）决策

决策，简单地说，就是做出管理决定的意思。它是管理者对未来档案工作发展所做的选择和决定。它既包括确定合理的档案工作发展目标，也包括为实现这一目标而确定的方针、政策、规划、措施和具体行动方案。

决策在档案管理中具有重要作用，表现为：它是行动的先导，档案管理离不开决策；它对现代档案管理活动具有直接的指导作用；它是衡量档案管理水平的重要标志，也是提高档案管理水平的重要手段。决策的正确与否，影响着档案工作的发展。决策是一个复杂、相互协调的管理活动。要使决策科学化，要求做好以下三点：

1. 逐步完善决策体系

要健全决策机构、咨询机构及研究机构等，使各机构之间形成分工明确、协调一致的决策体系，并广泛吸纳各方面的专家和专业管理人才充分参与决策，实行决策的民主化。

2. 提高决策者的素质和决策能力

人是决策的主体，决策者的素质是影响决策的关键因素。因此，必须提高决策者的马克思主义理论素质、管理科学素质、政治思想素质及决策能力。

3. 建立科学的决策程序

任何一项重大决策和档案事业计划的确定，都要按一定程序进行。其主要工作步骤有以下四项：第一，弄清问题，抓住关键；第二，在预测的基础上确定目标，拟定方案；第三，分析比较，进行抉择；第四，进行方案的实施与检查等。

（二）计划

计划，就是筹划和设计，是未来行动的方案。它是通过调查研究、预测和确定行动目标和决定实现这些目标的原则、方法、手段和步骤，从而形成完整的指导档案工作发展的计划方案。

计划在档案管理中具有重要作用，表现为：它可以全面地贯彻党和国家的路线、方针与政策，使我国档案工作沿着社会主义方向发展；它有利于各级党委和政府对档案工作的计划指导与宏观控制，使档案工作更紧密地配合党的中心任务，搞好服务工作；它有利于档案部门进行宏观管理和微观管理，加强对档案管理的监督指导，增强管理人员的责任感。

档案工作计划管理的总原则是：全面地体现国家的计划要求，在国家计划指导下，积极发挥自己的计划职能的作用。其具体原则有统筹原则、协调原则、重点原则、效益原则和发展原则。

计划管理的一般要求主要有以下四点：第一，要把档案工作的发展计划列入国民经济和社会发展计划；第二，要经常教育档案系统工作者认识计划工作的重要性，树立计划意识，增强按计划办事的自觉性；第三，建立健全法规制度，保证档案工作发展计划的实施；第四，及时总结经验，适时审慎地调整档案工作发展计划。

（三）组织协调

组织协调由"组织"与"协调"两个概念组成。从档案管理来说，所谓组织，是指按一定目的、任务和形式，把档案管理的各种要素科学合理地组织起来，形成一个有机整体，充分发挥其作用；所谓协调，是指对档案管理的各种要素以及它与外部环境的各种关系加以统筹和调节，使之配合适当。组织与协调既有区别又有联系，两者相辅相成，相互促进。其目的是提高档案管理的整体效能，促进档案工作自身的均衡发展及其与国民经济和社会发展相协调。

组织协调对档案管理具有重要作用，表现为：它是促使档案工作与国民经济和社会协调发展的重要前提；它是理顺档案管理的内部关系，促使各组成部门分工合作的重要手段；它是档案管理部门行使职能的重要体现。

组织协调主要采用以下方法：

1. 行政方法

组织协调的行政方法，是指档案工作管理部门运用国家的方针、政策及档案工作的法规、标准和计划等手段进行组织协调的一种方法。组织协调，重在协商，着眼于沟通，以取得认识和行动上的一致。

2. 经济方法

经济的方法，主要是指运用经济手段，按照客观经济规律的要求，讲究经济效益的管理方法。这就要求贯彻物质利益原则，从物质利益上处理好档案工作系统各方面及其与外界的关系，从而有效地调动多方面的积极性，以实现预期的目标。

3. 宣传方法

组织协调的一个重要方法和特点就是沟通，而信息沟通的主要方式就是宣传。通过宣传的手段来增强人们的社会档案意识，扩大档案工作的影响，并对档案工作的发展发挥舆论引导和宣传教育的作用。

档案工作是一项复杂多变的系统工程，要想进行有效的组织协调，还须采用马克思主义的辩证唯物主义思想方法和精确的数学方法等。

（四）业务监督

业务监督是指档案管理部门依照法定的权限，对档案工作本身以及国家机关、社会组织、企事业单位和公民个人是否严格执行与遵守党和国家有关档案、档案工作的法规、方针和政策所实行的监察督促。它不同于社会上对档案工作一般意义上的监督，具有较强的专业性。

业务监督具有重要作用，表现为：它是维护档案完整与安全的重要保证；它是加强档案法治建设、改革档案管理方法和提高档案工作效率的重要途径；它对维护公民有关档案方面的合法权益起着重要的保障作用。

为了使档案业务指导做到科学、高效，必须遵守以下原则：经常性原则、民主性原则、客观性原则、有效性原则。

业务监督的主要方式和途径有国家行政机关的监督、国家司法机关的监督、国家权力机关的监督以及各种档案工作机构和档案人员的监督。监督的具体方法有审查、调查、检查、报告、申报、登记、督促、考核和发放合格证书等。

（五）业务指导

业务指导是指由国家和档案法规授权的机关及其工作人员依照党的路线、方针、政策和国家关于档案工作的法规，对所辖范围内的国家机关、社会组织及个人在档案事务方面所进行的指导。

业务指导具有重要作用，表现为：业务指导机构及其工作人员通过运用档案工作规划、法规以及先进典型的示范等方法和手段，向所辖单位及时指出方向，提出要求，从而起到引导作用；业务指导机构及其工作人员通过宣传、动员、言传身教和集中培训等方式，对辖区和单位的广大干部职工进行思想政治教育与业务教育，从而发挥教育作用；业务指导机构是国家法定的，具有一定的权威性，只要档案业务指导人员依法办事、态度诚恳、方法得当，就能起到很好的指导作用。

业务指导的特点：法定性与示范性的统一、社会性与层次性的统一、管理性与技术性的统一。

业务指导的方法：

1. 宏观指导与微观指导

宏观指导，是指把全国或某一地区、某一系统的档案工作作为一个整体，从大处着眼，主要进行方针目标和行动规划的指导；微观指导，是指对某个单位的档案工作以及档案事业的某个方面进行的具体指导，主要是技术方法的指导。

2. 会议指导与文献指导

会议指导，就是运用档案工作会议的形式来开展业务指导。这种方法具有较强的时效性、直观性、沟通性。文献指导，是指通过制发文件和编发书报杂志等方式所进行的业务指导。这种方式具有较强的依据性、全面性、长效性、广泛性和方便性等。会议指导与文献指导既有联系又有区别，两者互补，相得益彰。

3. 咨询指导与示范指导

档案业务咨询指导，就是业务指导部门及其人员与被指导之间通过咨询与接受咨询的方法来进行指导。这种指导方法重在"说"，具有内容上的广泛性、过程上的反复性和态度上的平等性等特点。档案业务示范指导，是指运用技术演示、工作成果展示、提供典型经验和工作样板的方法来指导。这种方法重在"做"，具有直观性、典型性和可操作性的特点。咨询指导与示范指导也是既有区别又有联系、相辅相成的。

4. 集中指导与个别指导

档案工作的集中指导，是指集中一段时间和一定人员对档案工作中某一或某几个问题进行指导。这种指导方法省时、省力，便于互通情报、交流思想，见效快，标准也容易一致。档案业务的个别指导，是指针对个别单位、个别人的问题而进行的指导。这种指导范围小，针对性强，问题解决得比较及时。

此外，整体指导与专项指导、普遍指导与重点指导、直接指导与间接指导、理论指导与实际指导等都是针对不同情况而产生的指导方法，需要我们在业务指导中综合运用。

二、档案管理手段

档案的现代化管理是通过各种管理手段和方法实现的，因此我们要全面掌握并正确运用各种管理手段。

（一）行政手段

行政手段是指档案管理机构及其人员运用合法权利，通过强制性的行政命令直接对管理对象发生影响，按照行政管理系统分层次地部署、指挥、监督和检查，从而实现行政管理职能的一种方法。行政管理手段具有权威性、强制性、稳定性、时效性、垂直性等特点。

行政管理须具有严密的组织网络系统和严格的组织纪律，信息的传递应具有规范性和约束力，接受率要高。我国的档案工作实行统一领导、分级管理的原则，反对各自为政的分散管理方式。这既是我国政治体制所要求的，也是档案事业管理所必需的。这就为实行档案行政管理手段提供了组织保证。因此，必须把行政手段作为实现档案管理功能的主要手段。

（二）法律手段

法律手段就是人们常说的"法治"。在档案管理中运用法律手段，就是制定档案法规，建立和健全档案法规体系，坚决贯彻执行档案法规，并实行有效的监督检查。

档案是国家的历史文化财富，档案工作是国家的一项重要事业，必须依法治档，使档案工作有法可依。要使档案工作适应社会主义市场经济发展的需要，运用法律手段来管理档案就具有特别重要的意义。

第一，依法治档可以使档案部门和工作人员明确自己的职责、权利和义务，各司其职，保证档案工作有序、健康地发展。

第二，依靠法律手段具有的概括性和稳定性，能使档案管理系统具有一定的稳定性。这样就有利于档案管理系统稳定、持续、正常地工作，提高工作效率。

第三，法律手段运用于档案管理，其最主要的作用是调节各种管理因素之间的关系。它可以根据应予调节对象的特点和所提出任务的性质，规定在实现管理活动过程中的不同方法，并通过不断地改变其约束力的程度和范围来调节各种管理对象。

（三）经济手段

运用经济手段管理档案事务，是顺应时代发展趋势，充分调动档案工作各种积极因素，从而实现档案管理最佳效益的一种管理方法。经济手段的实质，是贯彻物质利益的原则，以物质利益为手段，调整和处理国家、集体、个人之间的关系。

在档案管理中运用经济手段，主要是在档案工作部门坚决贯彻按劳分配原则，科学地组织劳动，调动档案工作人员的积极性，提高工作效率。实行聘任制，建立岗位责任制、考核制度、评比制度和奖惩制度等，实行责、权、利相结合的制度，使经济手段发挥最佳效用。

档案工作是一项条件性和服务性工作，其生存与发展无不受到社会外部条件的制约。就其本质来说，虽不属于经济领域的活动，但它能够参与包括经济活动在内的一切社会活动，不但能够带来社会效益，而且也能够带来一定的经济效益，具有一定的经济功能。但是，档案事业是属于文化事业，其运行规律有自己的特点，因此不能简单地套用一般管理系统的经济手段。运用经济手段管理档案事务，是新形势下的新探索。要从档案工作的实际情况出发，把它作为其他管理手段的补充形式，逐步积累起一套成熟的经验，走出一条切实可行的档案工作管理之路。

（四）政策手段

政策手段就是通过制定档案工作方针政策来宏观控制、管理国家档案事务，使之实现其规定的任务和目标。

档案工作的方针政策，是根据党和国家不同时期的总任务，制定出实现一定时期档案工作任务的行为准则，是档案工作决策的依据。正确地制定和执行档案工作的方针政策，能够统一档案部门的思想和行动，使档案工作沿着正确的方向发展。

运用政策手段应注意：我国档案工作方针政策的制定，必须与国家制定的档案法律以及党和国家一定时期的路线、方针、政策相符合，而不能与之相抵触；必须从档案工作的实际情况出发，反映一定时期内档案工作领域中需要解决的主要矛盾，具有针对性，情况发生变化要相应地调整档案工作方针政策；要预测未来，高瞻远瞩，明确方向，提出奋斗目标。

事实证明，根据档案工作发展的进程和存在的问题，及时地提出档案工作方针政策，是对国家档案事务进行宏观管理的一种重要手段。

（五）计划手段

档案管理的计划手段就是通过预测对国家档案工作的发展进行统筹规划和安排来实现档案工作的目标。它是指导人们未来行动的目标和准则，也是组织档案管理部门统一行动的指南。它可以较好地克服工作的盲目性，保证档案工作任务的顺利完成。

档案事业管理运用计划手段具有重要意义。首先，计划是一个目标，也是未来的行动方案。它是决策的具体化，可以避免发展的盲目性。所以，政策手段和计划手段是档案事业管理的孪生姊妹，先有政策，后有计划，政策是计划的灵魂；反之，没有计划，政策也难以贯彻下去。其次，计划是组织档案部门统一行动的指南。没有计划，就难以协调行动，各行其是必然带来工作上的混乱，影响工作效率的提高。最后，计划是档案事业管理部门从事管理活动的有力手段，如果没有计划，其正常工作是难以进行的。档案工作计划包括总体规划和专门性规划、长远规划和年度计划等。

（六）宣传教育手段

宣传教育手段就是通过宣传教育，充分发挥人的主观能动性，激发人们的工作热情，极大地提高工作效率。

档案宣传教育手段对行政、法律、经济、政策和计划等手段的实施有着积极的作用，因为这些手段都需要靠宣传教育才能使人们了解和认识其综合作用。实践证明，人们社会档案意识的强弱以及档案法规和方针政策执行得好坏，与档案宣传教育是否得力密切相关。因此，档案管理的其他手段必须结合运用宣传教育手段，才能获得较为理想的效果。

第二章　现代档案管理工作的基本内容

第一节　档案的收集与整理工作

一、档案的收集

（一）档案收集的含义

档案收集是档案管理过程的首要环节，标志着文件性质的变化和档案自身运动的一个阶段。档案收集工作的质量，直接影响档案的整理、鉴定、保管及统计工作的质量和效率，进而影响档案的社会服务质量和效益。

研究档案收集，有利于促进对入库阶段档案管理的方法变革和理念创新，是其他管理环节研究的条件和基础，并与这些后续研究紧密衔接、有机互动，对档案收集的研究极具实践指导意义，能促进和夯实档案资源的积累，为档案的保管、整理乃至提供利用奠定基础，是档案信息资源开发的前提和必要条件。

档案收集就是按档案形成的规律，把分散的材料接收、征集、集中起来。按照规定，通过例行的接收制度和专门的征集方法，把分散在各机关、部门、个人手中和散失在社会上的档案，集中到机关档案室和国家档案馆进行科学管理的一项业务环节。档案的收集工作可以分为两大部分：第一，对于单位的档案室来说，主要是按期接收归档的文件和进行必要的零散文件的收集；第二，对于各级各类档案馆来说，主要是接收档案室移交的档案，接收撤销机关档案和征集历史档案。收集工作是档案部门取得档案的手段，也是它们开展其他业务活动的前提。

（二）档案收集工作的内容

档案收集研究的主要内容是档案收集的基础和原理，具体包括对档案收集工作的内容、意义和要求的研究，文件的归档研究，收集的步骤、阶段和方法研究等。

档案收集是接收、征集档案和有关文献的活动。具体讲，就是按照党和国家的规定，通过例行的接收制度和专门的征集办法，将分散在各机关、组织、个人手中和散落在社会其他地方的档案，有组织、有计划地分别集中到各有关机关档案部门，实现档案的统一领导和分级管理。

档案收集工作的内容主要有以下三个方面：

第一，机关、企业、事业单位档案室对本单位需要归档档案的接收。

第二，档案馆对所辖区域内现行机关、企业、事业单位和撤销单位具有永久、长期保存价值档案的接收。

第三，对中华人民共和国成立以前各个历史时期形成的档案的接收和征集。档案收集工作不是一项简单的事务性工作，而是一项政策性、业务性很强的工作。一方面，档案收集工作具有明显的选择性。文件转化为档案是有条件的，在档案收集工作中必须严格把握这些文件，在归档和接收过程中认真筛选。档案选择是按照档案部门收藏范围的设计合理并全面进行的。另一方面，档案收集工作受档案形成者档案意识水平、价值观及档案部门保管条件等多种因素的制约，需要综合研究、统筹规划，提高档案收集工作的质量。

（三）档案收集工作的意义

档案收集工作在整个档案管理中处于一种特殊地位，做好此项工作对整个档案管理工作具有重要意义：第一，档案收集工作是档案馆、档案室取得和积累档案的一种手段，它为档案工作提供了实际的物质对象，是档案业务工作的起点；第二，档案收集工作是实现档案集中统一管理的重要内容和一项重要的具体措施；第三，档案收集工作质量的高低，会直接影响到档案业务工作其他环节的工作质量；第四，档案收集工作是档案部门与外界各方面发生联系的重要环节之一。这是一项政策性强、接触面广、工作要求较高的工作。

（四）档案收集的基本形式

档案收集是档案馆（室）取得和积累档案及有关资料的一项工作，是档案管理工作的重要环节。其手段主要有接收、征集和寄存三种形式。

按照法定的原则、程序和规定的制度移交与接收档案，是档案馆和档案室补充档案资源的最基本形式。其基本内容包括两个方面：第一，各级国家机关和各种社会组织的档案室，按照规定接收本机关业务部门和文书处理部门办理完毕移交归档的文件；第二，各级各类档案馆依据国家法律和有关规定接收现行机关与撤销机关的档案。

接收的范围和要求：

第一，档案室接收本机关工作活动中形成的具有保存价值的各种门类和载体的档案，包括科学技术档案、会计档案等各种专门档案，录音带、录像带、照片等各种特殊载体的档案。

第二，各级档案馆接收本级各机关、团体及所属单位具有长远保存价值的档案，以及与档案有关的资料。各个国家对于档案馆保管接收档案的范围不尽相同，有些国家的档案馆只接收具有永久保存价值的档案，有的也接收定期保管的档案。中国省以上档案馆接收具有永久保存价值的、在立档单位保管已满20年左右的档案，省辖市（州）和县级档案馆接收永久和长期保管的、在立档单位保管已满10年左右的档案。

第三，档案室和档案馆正常接收的档案，要求齐全并按规定整理好，进馆档案应遵循全宗和全宗群不可分散的原则，保持原有全宗的完整性及相关全宗的联系性。

征集流散在各机关、各部门、个人与国外的有价值的各种历史档案和相关资料是档案馆收集工作中必不可少的补充手段，分为非强制性和强制性两种。一般采取在协商的基础上，通过复制、交换、捐赠、有偿转让等方式，将档案集中到档案馆；在特殊情况下，集体和个人所有的对国家和社会具有保存价值的或须保密的档案，当其保管条件恶劣或者由于其他原因被认为可能导致档案严重毁坏和不安全时，国家可将其收购或征购入馆，也可代为保管。

寄存一般是通过协议的形式将档案存放到档案馆。寄存档案的单位或个人不失其所有权，并享有优先使用权以及能否准许其他人利用的决定权。已保存在博物馆、图书馆、纪念馆等单位的，同时也是档案的文物或图书资料等，一般由其自行管理。

（五）档案收集的制度

第一，档案收集包括档案的接收、征集以及网络数据采集等方式。

第二，档案材料收集范围：凡是对全区各项事业发展有参考利用价值的各类原始材料都属于档案收集范围。

第三，任何个人都不得以任何理由拒绝向区档案馆归档移交有价值的档案材料。

第四，档案材料收集应该形成定期送交制度和联系催要制度。

二、档案的整理

（一）档案整理的含义

档案的整理工作，就是将处于凌乱状态的和需要进一步条理化的档案有序化的过程。在档案管理活动诸环节中，收集是起点，利用是目的，而整理则是承上启下的关键。科学系统的档案整理不仅有助于档案的鉴定，是妥善保管的前提，为档案统计工作打好基础，为档案提供利用的必要条件，还能在一定程度上促进档案的收集工作。

档案整理研究是档案管理理论的核心，有利于优化档案整理工作，加强文件档案之间的联系，充分体现档案的性质和特点，进而激活和发掘档案的利用价值，促进档案信息资源的开发，提高档案整理的科学化和标准化水平。在直接影响着整理实践的同时，档案整理的研究对档案管理其他环节理论和技术的发展也有着不可忽视的作用，能促进对档案管理全过程研究的良性发展和总体优化。

对档案整理研究主要包括档案整理理念、内容与方法等方面，具体如档案整理工作的原则和意义研究，全宗的界定和应用研究，立卷、分类、组合、排列、编目的程序和方法研究等。

我国在档案整理方面的研究，经历了从引进和介绍欧美档案整理理论，到分析、探索自身档案整理实践与理论发展所面临课题的研究历程，其中最具抽象性和理论价值的是全宗理论（来源原则）。但傅荣校提出，当前档案整理理论应该由全宗和汇集两大原则构成，并提出两者的根本区别在于：前者来源于同一立档单位，根据历史联系为主线进行组织，具有可确定性，因而在档案室阶段就可以基本完成；而后者则来自多个立档单位，要视所获档案数量、成分和状况来确定某一特征进行组织，具有不确定性，一般只有在档案馆才能予以处理加工。

（二）档案整理工作的内容

档案整理工作包括区分全宗、全宗内档案的分类、立卷（组卷、卷内文件的排列和编号、填写卷内目录和备考表、拟写案卷标题、填写案卷封面）、案卷排列和编号、编制案卷目录等业务环节。

按照我国文书工作和档案工作的管理体制与分工，档案整理工作是分阶段进行的。其中全宗内档案的分类、立卷、案卷排列和编制案卷目录等业务环节，一般由文书部门或文书人员承担，即文书立卷；归档案卷的统一编号和排列由档案室承担；全宗的划分和排列多由档案馆承担。在某些特殊情况下，如当档案室（馆）接收到整理质量不佳或基本未经整理的零散档案时，就需要对档案进行局部的或全部程序的整理。

1. 系统排列和编制案卷目录

这种情况是指档案室对接收的已经立卷归档的案卷，按照本单位档案的分类和排列规则，进行统一的分类、排列和编号，使新接收的案卷同已入库保存的档案构成一个整体。

2. 局部调整

这种情况是指对已经接收进档案部门的部分质量不合格的案卷所做的局部改动和调整工作。

3. 全过程整理

这种情况是指档案部门对于接收到的零散文件所进行的从区分全宗到编制案卷目录的全部整理工作。

（三）档案整理工作的基本原则

档案整理工作的基本原则是：保持文件之间的历史联系，充分尊重和利用原有的整理成果，便于保管和利用。

1. 保持文件之间的历史联系

保持文件之间的历史联系，是档案整理工作的根本性原则。文件之间的历史联系是文件在产生和处理过程中所形成的内部相互关系，也被称为文件的"内在联系""有机联系"。在档案整理工作中保持文件之间的历史联系，其目的在于使档案能够客观地反映形成者的历史面貌。文件之间的历史联系主要表现为以下四个方面：

（1）文件在来源上的联系

文件的来源一般是指形成档案的社会主体（组织和个人）。同属于一个形成者或同类型的文件在来源上有着密切的联系。因为不同来源的文件反映不同形成者历史活动的面貌，所以整理档案时必须首先保持文件在来源上的联系，也就是说，档案不能脱离其形成单位，同时，不同来源的档案也不能混淆在一起。

（2）文件在内容上的联系

文件的内容一般是指其所涉及的具体事务或问题，同一个事务、同一项活动、一个问题所形成的文件之间必然具有密切的联系。整理档案时，保持文件之间在内容上的联系，有利于完整地反映其形成者各种活动的来龙去脉和基本情况，也便于查找利用。

（3）文件在时间上的联系

文件的时间一般是指其形成的时间。整理档案时，保持文件之间在时间上的联系，有利于体现其形成者活动的阶段性、连续性和完整性。

（4）文件在形式上的联系

文件的形式一般是指其载体、文种、表达方式以及特定的标记等因素。不同形式的文件往往具有不同的作用、特点和管理要求。整理档案时，保持文件在形式上的联系，有利于揭示文件的特殊价值，便于档案的保管和利用。

2. 充分尊重和利用原有的整理成果

充分尊重和利用原有的整理成果是指后继的档案管理者要善于分析、理解和继承前人对档案的整理成果，不要轻易地予以否定或抛弃。在整理档案时充分尊重和利用原有的整理成果应该做到：第一，在原有整理成果基本可用的情况下要维持档案原有的秩序状态；第二，如果某些局部整理结果明显不合理，可以在原来的整理框架内进行局部调整；第三，如果原有的整理基础的确很差，无法实行有效管理，可以进行重新整理。但是，新整理时应该尽可能保留或利用原有基础中的可取之处。

3. 便于保管和利用

整理档案时，一般情况下，保持文件之间的历史联系与便于保管和利用之间是一致的。但是在某些特殊的情况下，二者之间可能会发生一定的矛盾。例如产生于同一个会议的档案，有纸质文件、照片、录像材料，甚至还有电子文件等，它们的保管要求各不相同，在整理时就需要综合考虑各种因素，在保持文件之间历史联系的前提下，采取分别整理的方法，以利于档案的保管和利用。

第二节 档案的鉴定与保管工作

一、档案的鉴定

（一）档案鉴定的定义

档案鉴定就是鉴别和判定档案的价值，挑选出有价值的档案交给档案机构保存，剔除无保存价值的档案予以销毁。它直接决定着档案的存毁，是档案管理工作中最重要也是难度最大的一项工作。档案鉴定意义重大，通过鉴定，去其糟粕，留其精华，把档案分清主次，对珍贵档案予以重点保护。一则便于实现档案的安全保管；二则便于查找利用，使档案发挥其应有的作用；三则便于应对突发事件，不至于"玉石俱焚"；四则有利于充分利用档案库房和保管条件。

档案鉴定理论的研究，有利于指导档案分层次、分类别进行管理，使档案管理其他环节有高低主次和轻重缓急的区别，有利于保障档案资源的完整、安全和质量，有利于调动档案工作者的能动性和积极性。同时，虽然鉴定被单独列为一个档案工作环节，但是它贯穿于档案管理活动的全过程，在收集、整理、保管、检索、利用、编研等诸环节中都充分考虑档案的价值与保管期限，因而鉴定理论研究在整个内容维度的档案管理理论研究上都有着举足轻重的作用。

档案鉴定研究的内容具体包括档案鉴定意义和地位的认识、鉴定原则和机制探讨、鉴定标准和方法探索以及保管期限表和鉴定组织等方面的研究。

（二）档案鉴定的内涵

档案鉴定应包括档案保管期限鉴定、档案准确性鉴定、档案完整性鉴定、档案珍贵程度鉴定等方面。鉴于鉴定工作是在档案管理不同阶段依次分别展开的，因而可将档案鉴定划分为前期鉴定和后期鉴定。

1. 前期鉴定

所谓前期鉴定是指对文件材料保存价值的鉴定和对归档文件材料的准确性、完整性鉴定。因其是在文件材料立卷归档阶段完成的，处于档案文件运行前期，所以可将它们统称为前期鉴定，亦可称为归档鉴定。前期鉴定，一般无须成立专门的鉴定组织，是在工作中顺序完成的，只须严格管理制度，明确管理责任，由责任人如立卷人、案卷审核人、归档接收人等分工负责，共同把关，协作完成。它主要包括：

（1）保存价值鉴定

是指文件材料有没有保存价值、保存价值大小的鉴别，并依此确定文件材料归不归档、保管期限的长短。

（2）准确性鉴定

是指对归档文件材料的各种标识的准确性及其所承载信息的准确性进行甄别评定。前期鉴定中的准确性鉴定，主要是针对工作中因工作疏忽将归档文件材料的某些标识如责任者、时间、签章、竣工章等遗漏丢失，正文与底稿不相符，正本与副本不相符，基建图物不符，设备图物不符等诸多情况的检查。在文件材料归档时，由责任人进一步核实鉴别，并在案卷备考表中案卷检查人栏签字或以其他形式确认归档文件的准确性。

（3）完整性鉴定

归档时，责任人对围绕某个事件、某项工程、某个设备、某项任务所产生和使用的文件材料的完整性，每一份文件材料页数、图幅及底稿的完整性进行鉴别并签字确认，以确保归档文件材料的完整性。

2. 后期鉴定

所谓后期鉴定是指专门的鉴定委员会对档案进行鉴定。后期鉴定是档案馆（室）的重要业务环节，需要建立专门的、具有权威性的鉴定委员会，按特定的程序进行。其工作内容应包括档案评价、珍贵程度鉴定和保管期限鉴定等。

（1）档案珍稀程度鉴定

参考文物鉴定，制定国家珍贵档案鉴定标准和方法。可将国家档案根据其历史、科学、艺术等方面的价值，结合珍稀程度、成套性、完整性分为珍贵档案和一般档案。再将珍贵档案区别为国家一级、国家二级、国家三级。建立国家珍贵档案数据库，提请国家财政列支专项保护经费，实施特别保护，并同司法机关、海关联网与文化行政部门联手，与文物、博物、图书等文化单位交流协作，加强监管，集中有限的人力、财力，抢救和保管好国家珍贵档案，切实管理好党和国家珍贵的历史财富。

（2）到期档案的鉴定

由各档案保管部门根据自己的馆藏特色和馆藏情况，成立鉴定委员会制定鉴定原则标准和运行程序，有计划地对到期档案进行鉴定，确定存毁。这项工作应坚持不断地开展，真正将有价值的档案保存好，将失去保存价值的档案销毁掉，避免因档案馆（室）藏良莠不分而形成的管理浪费，以提高管理效率。档案鉴定工程巨大，只有在对档案鉴定有充分认识的基础上，统筹规划，科学安排，才能取得事半功倍的效果。

（三）档案价值鉴定的标准

档案鉴定标准可分为两大类，即理论性标准和技术性标准。

1. 理论性标准

理论性标准是档案价值鉴定的基本标准和理论依据，纵观中外档案学界长期以来形成的理论研究成果，档案鉴定的理论性标准主要包括：

（1）德国档案学家迈斯奈尔提出的年龄鉴定标准和来源鉴定标准。

（2）波兰档案学家卡林斯基提出的"职能鉴定论"。

（3）美国档案学家谢伦伯格提出的文件双重价值鉴定标准。

（4）宏观职能鉴定标准。

（5）效益标准。

（6）相对价值标准。

2. 技术性标准

技术性标准是档案鉴定实践中用以参照的具体标准，主要有文件材料的归档和不归档范围、档案保管期限表、档案鉴定工作制度等。

我国目前的档案保管期限表可分为通用档案保管期限表、专门档案保管期限表、同系统机关档案保管期限表、同类型档案保管期限表和机关档案保管期限表五种类型。它们是各机关、档案馆鉴定档案价值、确定档案保管期限的依据和标准，以此作为参考，文书立卷人员能较容易地区分文件的不同保存价值，初步确定其保管期限，为以后档案馆鉴定档案的价值打下基础。至于档案鉴定工作制度，则包括制发鉴定档案的标准文件、档案鉴定工作的组织领导和销毁档案的标准与监销制度等内容。一种健全的档案鉴定工作制度，可以有效保证档案鉴定工作的质量和防止有意破坏档案，使档案的鉴定和销毁工作有组织、有监督地进行。事实证明，这些技术性标准在文书档案人员的具体鉴定工作中起到了有利作用。

二、档案的保管

（一）档案保管的含义

档案保管，广义的理解泛指为延长档案寿命、便于档案管理而采取的一切措施和手段，而狭义上则特指对档案在动态和静态环境中的一般安全防护和日常的库房管理。档案保管旨在维护档案的完整性、安全性、系统性。档案保管为档案管理活动的进行提供了物质对象和基本前提，档案保管质量的高下，直接影响着档案管理的水平，在一定的条件下甚至具有决定性作用。

研究档案保管具有理论和实践双重意义。在理论上，有助于发现和掌握档案保管活动的客观规律，加强与其他环节研究的互动和联系，有利于提高档案保管与保护的科学水平，完善档案学理论和科学体系，丰富档案学的研究内容；实践上，能指导和提升档案保管工作的水平和效率，科学贮藏档案资源，方便档案信息的利用，有利于防止和消除档案损毁的隐患因素，有效延长档案寿命，保存社会历史财富。

（二）档案保管工作的任务

1. 建立和维护档案的存放秩序

为了使档案入库、移出、存放井然有序，能够迅速地查找档案，并随时掌握档案实体的状况，档案室（馆）要根据档案的来源、载体等特点建立一套档案入库存放的规则和管理办法，使档案不管是在存放位置上还是被调阅移动都能够处于一种受控的状态。

2. 保持和维护档案实体良好的理化状态

档案实体是以物质的形态存在和运动的，而各种环境因素，如温度、湿度、光线、有害气体、灰尘、生物及微生物等会对档案的载体、字迹材料等造成不良影响，不利于档案的长久保存。为此，在档案的保管工作中，就需要了解和掌握不利于档案长久保存的各种因素及规律，应采取有效措施，最大限度地消除和降低它们对档案的损坏，使档案实体保持良好的理化状态，以延长档案的寿命。

（三）档案保管工作的要求

1. 注重日常管理工作

为了保持档案库房管理的稳定、有序，我们应注重建立健全管理规则和制度，加强日常管理。在库房管理中要做到：归档和接收的案卷及时入库，调阅完毕的案卷及时复位，定期进行案卷的清点和检查，发现问题及时处理。只要持之以恒地坚持严格的日常管理，就能保证库房内档案的良好状态。

2. 预防为主，防治结合

在档案保管工作中，保护档案实体安全的方法概括起来主要有两类：一是如何预防档案实体损坏的方法；二是当环境不适宜档案保管要求时或当档案实体受到损坏后如何处置的方法。在归档或接收的档案中，实体处于"健康"状态的档案占绝大多数。因此，在档案保管工作中，积极"预防"档案受到各种不良因素的破坏是主动治本的方法。我们应该采取各种措施确保这些档案的长期安全，同时，还应该通过加强日常管理和检查，及时发现档案实体出现的"病变"情况，以便于迅速地采取各种治理措施，阻断或消除破坏档案的有害因素，修复被损害的档案，使其"恢复健康"。预防为主，防治结合，才能全面保证档案实体的安全。

3. 重点与一般兼顾

由于档案的价值不同，保管期限长短不一，所以在管理过程中，我们应该掌握突出重点、兼顾一般的原则。对于单位的核心档案、重要立档单位的档案、需要长久保存的档案，应该加以重点保护，尽量延长档案的寿命。同时，对于一般性，短期保存的档案也要提供符合要求的保管条件，确保其在保管期限内的安全和便于利用。

第三节　档案的编研与统计工作

一、档案的编研

（一）档案编研的含义

档案编研工作是档案馆（室）研究、加工、输出档案信息，主动地向社会各方面的广大利用者提供科学、系统的档案信息服务的一项专门工作。档案编研是以馆（室）藏档案为主要对象，以满足社会需要为主要目的，在研究档案内容的基础上，对档案信息进行深层次开发的过程。编研工作是积极提供服务与利用的有效方式，是提高档案工作水平的重要途径，有利于档案原件的保管，有利于档案内容和信息的流传，也有利于扩大档案机构、人员的影响。

对档案编研进行研究具有重要意义：一方面，能丰富档案管理理论研究的内容，完善档案学科体系；另一方面，有助于发掘、创新和交流编研的技能与方法，进而有效提升档案工作和档案学科的地位。

档案编研的主要研究内容是档案编研的理论与技术，具体如档案编研思想的起源与发展研究，档案编研的意义与内容研究，档案编研的类型与形式研究，大事记、组织机构沿革、基础数字汇集、会议简介、年鉴等的编纂和编写方法研究。

（二）编辑档案史料现行文件汇编

编辑档案史料和现行文件汇编也称为"档案文献编纂"，它是指按照一定的作者专题、时间或文种等将相关的档案文件选编成册，在一定的范围内使用或出版发行。

编辑档案史料和现行文件汇编的工作方法，是将档案原文从原件中提取出来，按照专题集中汇编成书。它使档案信息脱离了原来的载体，与内容相关的档案信息共同组成新的文献形式（如果出版发行，则转化为书），它属于一次文献。档案史料和现行文件汇编的名称根据其内容、材料的成分以及详略程度不同，分别采用汇编、丛编、丛刊、辑录选编、选集等名称。

档案文献汇编主要有三个特点。第一，原始性。汇编所选录的都是档案原件，并且一般不做文字改动。第二，系统性。档案文献汇编都按照专题组成，所选择的档案文件不仅在内容上相互联系，而且通过编排设计已构成一个有机的体系，清晰、客观地揭示事物发展变化的规律。第三，易读性。在编辑档案史料和现行文件汇编的过程中，编研人员需要对档案文件上的段落、标点、错别字和残缺文字进行校正与恢复，对文件上的批语、标记、格式进行处理，对于文件中的一些人物、事件、时间和典故进行注释，还要为档案文献汇编编写按语、序言、凡例、目录、索引、备考等以便于利用者阅读和理解。

（三）编辑档案文摘汇编

档案文摘汇编是档案室（馆）根据一定的专题对档案原文摘要进行汇总编辑形成的编研成果。档案文摘是对档案原文的缩写，它以简练的文字概要地揭示档案文件的主要内容，是一种档案的二次文献形式。档案文摘有时可以作为一种检索工具编制和使用。例如档案著录项目中的"提要项"就是档案文摘的一种形式。档案文摘汇编是由具有共同专题的档案文摘组成的，它也可以公布、发行。与档案文献汇编相比，档案文摘在编辑方法和报道功能上比较灵活、简便与及时。

（四）编写档案参考资料

档案参考资料是档案室（馆）按照一定的题目，根据档案内容加工编写的一种书面材料，如大事记、组织沿革、专题概要、会议简介等。档案参考资料的编写依据是档案原件，但其表现形式已经改变了档案原文的面貌，属于三次文献。档案参考资料的主要功能是向利用者提供一定专题或史实的参考素材，具有介绍、报道档案内容和提供查找线索的作用。

二、档案的统计

档案统计是以表册、数字的形式揭示档案和档案工作情况的活动。档案统计工作按过程可分为档案统计调查、整理和分析；按对象来划分，包括对档案实体及其管理状况的统计和对档案事业的组织与管理情况的统计。档案统计工作是档案事业的一项基础工作，是对档案管理开展的重要依据，也是有力的监督手段。同时，在科学研究日益注重定量分析的今天，档案统计还是档案管理理论研究的重要措施和基础。因而，档案统计工作要求做到准确、系统、及时和科学。

研究档案统计，有利于改进和完善档案统计工作的程序、内容与方式，具有实践指导意义，对档案学理论建设也具有重要价值：一方面，为档案学开辟了新的研究视角和空间；另一方面，也为档案管理理论研究提供可资借用的方法和手段（主要是定量的方法）。

档案统计研究主要探讨档案统计的原理与方法，具体包括：档案统计的意义、任务和要求研究，档案统计调查方案和组织研究，档案统计指标体系研究，统计资料整理的原则与方法研究，档案统计分析方法及运算公式，统计成果的提供利用研究等。

第四节　档案的检索与利用工作

一、档案的检索

（一）档案检索的含义

档案检索就是把档案内容和形式特征的各种线索，存贮于各种检索工具之中，并根据某一（或几种）特征，在特定集合中识别、选择与获取相关档案数据或文献的过程。档案检索工作的内容有两个：一方面要对档案的内容和形式进行分析、选择与记录，并按照一定原理编排出各种检索工具；另一方面是根据需要，通过检索工具，帮助利用者了解和查找所需要的档案信息。档案检索是提供档案利用服务的先期工作，是有效提高档案管理水平的重要手段。

档案检索研究有利于优化档案检索的方式方法，推动档案检索工具和技术的改进，促进档案资源的利用和共享，提高档案管理和服务水平，进而提升档案工作乃至档案学科的影响力。

档案检索研究的主要内容有档案检索原理与技术研究，具体包括档案检索的内容和意义研究，档案检索工具的职能、种类、编制原则与方法研究，档案检索的途径与形式研究，档案检索语言研究，档案的著录与标引研究等。

（二）档案检索工作的主要内容

档案检索包括广义和狭义两种含义。广义的档案检索包括档案信息存贮和档案查检两个具体的过程。狭义的档案检索只限于查找所需档案的过程。作为档案工作人员，需要掌握广义的档案检索工作的内容和方法，学会编制档案检索工具，建立检索体系，并且能够熟练地利用检索工具查找档案，以获得开启档案宝库的钥匙。

1. 档案信息存储阶段的内容

档案信息存贮是指将档案原件中具有检索意义特征的信息，如文件作者、题名、时间、主题词等，记录在一定的载体上，进行分类或主题标识，编制成档案检索工具，建立档案检索体系的过程。它包括如下环节：

（1）档案的著录和标引

著录和标引是对档案的内容与形式特征进行分析、选择和记录并赋予规范化的检索标识的过程。著录和标引的结果就是制作出反映档案内容、形式、分类和存址的可以用来检索的条目。

（2）组织档案检索工具

这项工作是指按照一定的规则，对著录和标引所产生的大量条目进行系统排列，使之形成某种类型的检索工具，并根据需要进行检索工具的匹配，组成手工的或计算机检索系统。

2. 档案查验阶段的主要内容

档案查检是指利用检索工具和检索系统查找所需档案的过程。包括如下环节：

（1）确定查找内容

确定查找内容是指对利用者的检索要求进行分析，确定利用者所需档案的主题形成查询概念，并将这些概念借助检索语言转换为规范化的检索标识。从确定利用主题到形成检索表达式的过程，也称为制定检索策略。

（2）查找

查找就是档案人员利用者通过各种手段把表示利用需求的检索标识或检索表达式与存储在手工检索工具或计算机数据库中的标识进行相符性比对，将符合利用要求的条目查找出来。在手工检索中，相符性比对由人工进行；在机检过程中，则由计算机担负两者间的匹配工作。

二、档案的利用

（一）档案利用的含义

档案利用工作，是档案馆（室）通过各种方式向利用者提供档案、介绍档案情况、发挥档案作用为社会服务的工作。档案利用，可以体现档案工作的根本目的，在整个档案管理活动中占主导地位，既有赖于收集、整理等基础工作的健全，又是对这些环节管理活动成效的检验，利用工作是档案工作变被动为主动的关键，是宣传档案工作、提高档案工作信誉的重要工具。而对用户和社会大众而言，档案利用是满足其多样需求的基本途径。

研究档案利用，一方面，有利于更好地指导档案服务和提供利用工作，有利于档案价值的实现，能促进和推动档案管理其他环节的工作开展，进而提高档案工作的效率和效益；另一方面，能扩大档案管理理论研究的广度和深度，改善档案管理理论研究的思路和方法，是提升档案管理理论研究地位和影响的有力手段。

档案利用研究的内容主要有：档案利用与服务理念研究，提供利用的方式研究，档案用户研究、评价指标和体系研究等。随着社会对档案需求的日益增多，需求层次和水平的日益提升，对档案利用的研究也越发深入和丰富。

（二）档案提供利用工作的内容形式

与其他类型的档案馆相比，高校档案馆所处的环境完全不同，而且高校档案本身由于其内容和收集周期的差异，导致高校档案利用呈现出自己独特的特点。

1. 社会性不强

高校档案是高校教学科研、管理等活动的历史纪录，其内容决定了它不可能有广泛的社会需求，而且现实工作也表明，高校档案的利用主体主要是高校内部各单位、个人及少量的毕业生等，甚至某一部门形成的档案最大的利用主体就是本部门，高校档案利用率不高说到底也是这一特点的一种表现。

2. 时效性很强

高校档案的收集周期是以年度为单位的，而且收集进馆的档案大部分是对本校单位、教职工和学生开放的。由于高校档案的利用主体主要是学校内部的单位和个人，因此，高校档案的时效性就更加明显。而其他档案馆保存的档案，按规定一般是自形成之日起满30年才能向社会开放，相比较而言，时效性就显得差一些。

3. 周期性明显

从类别上看，高校档案中教学档案的数量最多、利用频率也是最高的，这与学校以教学工作为中心是相一致的。与此相对应，高校档案的利用在实践中呈现出明显的周期性就不足为怪了。具体而言，周期性一年可遇两次：一次是5、6月，一方面这一时期是毕业生求职、出国留学等需要办理有关手续的高峰期，另一方面，准备审材料的教职员工也需要查阅档案材料；另一次是11、12月，这是报考研究生的时间，许多毕业生为了继续深造报考研究生时，需要提供在校学习成绩证明，这也需要查阅档案。

4. 波动性强

高校档案利用与高校政策及建设紧密相关，如高校校园建设、本科评估等，会使高校基建档案、教学档案、行政档案等的需求量陡然增加，相应的利用数量也会突然增大，因此从纵向比较来看，各年份的利用波动也非常大。

（三）档案提供利用工作的内容

档案馆（室）所开展的档案提供利用工作既包括前台服务，也包括后台的组织与准备，主要包括如下内容：

第一，档案馆（室）工作人员了解和熟悉馆藏档案的数量、内容、成分、价值等基本情况，掌握各种检索工具的使用方法。

第二，档案馆（室）工作人员调查分析和预测社会对档案的需求，把握档案利用需求的趋势。

第三，策划、组织和建立多种提供档案的渠道，积极向档案用户提供各种形式和内容的档案信息及相关资料。

第四，利用各种方式向档案用户介绍和报道馆藏，开展档案咨询服务工作。

第五，建立档案利用服务反馈机制，及时了解和掌握利用情况，以及用户的意见和建议。

（四）档案提供利用工作的形式

目前，档案提供利用工作的形式主要有以下三种：

第一，向利用者提供档案原件，包括档案阅览室阅读档案、借出原件利用等方式。

第二，向利用者提供档案复制品，包括制作档案副本、摘录，编辑出版档案文献汇编，在报刊、广播、电视和网络等传播媒体上公布档案，制作档案缩微品及音像档案副本等方式。

第三，向利用者提供档案信息加工成品，包括制发档案证明、编写发行档案参考资料和编纂档案史料书籍等方式。

（五）档案提供利用工作的基础条件

档案提供利用工作是档案馆（室）接待各类用户将档案信息输送到用户手中的过程。要顺利实现这个过程，使档案馆（室）具有一定的对外服务的功能，需要具备以下基本条件：

1. 完善的档案管理的基础性工作

档案工作的八项业务环节中，收集、整理鉴定、保管检索等是提供利用的基础性工作，档案馆（室）只有建立和完善了这些基础性环节，才能为档案提供利用工作准备充足、有序、优良的档案信息资源。完善这些基础性工作主要包括：丰富馆藏；通过整理和检索工作使档案信息条理化、系统化；通过档案价值鉴定实现档案质量优化；修复破损或字迹褪色的档案，并对珍贵档案采取复制、缩微、刻录光盘等方式替代原件；通过建立检索系统，方便用户的查询等。可见，档案馆（室）想大力开展提供利用工作，首先要在完善基础性管理工作上下功夫。后台准备得越充分，则前台服务得越顺利。

2. 全方位的档案提供利用的立体化渠道

档案提供利用工作实质上是一个档案信息交换、传播的活动。它应该利用现代信息传播的原理及信息网络技术，为自己构筑一个档案信息服务的立体化渠道。

档案信息服务的立体化渠道应该包括对档案馆（室）已有的纸质文件和音像文件的直接利用渠道、档案馆（室）的平面或立体的展示渠道、新闻与广告传媒渠道、出版发行渠道、网络信息传播渠道等。通过利用多方位、立体化的传播渠道，将档案信息最有效地推到档案利用者中，充分发挥其作用，也使档案提供利用工作更具灵活性和适应性。

3. 适用的利用服务的硬件设施

档案馆（室）的提供利用工作需要一定的场地和设施，为此，档案部门要根据自身的职能、规模和客观条件，进行利用服务的硬件建设，包括设置固定的档案阅览场所，配备必要的阅览、复制及计算机网络设备，以及其他必备的利用服务设施。

4. 健全的利用服务的规章制度

为了保证在档案提供利用工作中档案和档案信息的安全，明确档案服务人员与档案用户的责任、权利和义务，规范利用程序与手续，档案馆（室）在开展利用服务之前应制定周密的档案利用服务和利用管理的规章制度。它们应该包括档案利用服务人员的职责、借阅（归还）档案的手续、档案利用管理、复制档案或开具档案证明、阅览室和展厅及相关设备管理等方面的内容。这些制度，一方面可保证档案利用服务的质量，另一方面可维护利用过程中档案的安全。

第三章　现代档案安全管理工作的研究

第一节　档案库房的安全管理

一、配备安全的设备设施

（一）安全监控系统

档案馆（库）安装门禁、视频监控等系统，运行正常平稳，安全可靠。周边环境设置安全空间，安装安全监控的设备。库房和阅览室等场所安装视频监控系统。库房、机房、整理室、裱糊室等部位安装防盗报警装置，门、窗（一层）安装防盗措施。馆（库）安装的供电与暖冷系统、给排水系统等符合国家相关规定，满足安全保障要求。

特殊载体库房安装防磁等设施，涉密用房安装信息屏蔽设施，涉密档案的扫描、存储、复印、传真、缩微等办公设备要经过国家保密部门的安全检测，或由具备保密资质的单位提供。

（二）消防设备

档案馆（库）安装的自动报警、自动灭火系统符合国际条约和国家规范，定期检查系统的安全性与有效性。

库房、机房、整理室及裱糊室应当安装防火报警和消防设备。消防灭火系统具有安全性、有效性、适用性。

（三）档案维护设备

档案馆（库）安装调控温湿度的空调设备，库房（计算机房、胶片冲洗室、复印等业务用房）配备温湿度指示和调控装置、通风换气与空气净化设备，相应功率满足温湿度控制的要求。

档案馆配备消毒灭菌杀虫处理的消毒室和消毒设备。配备除尘设备、修裱工具，以及照片洗印、静电复印设备、光盘刻录设备或其他大容量存储设备，符合档案安全保密要求。档案库房配备适用、可靠和安全的档案多节柜、档案密集架、专门保管设备。

档案备份须配备的信息处理设备，包括业务专用录音机、录像机及转录设备、档案缩微设备扫描仪和动态图像采集压缩卡等，应当符合保管和保密要求。

（四）数字信息安全设施

专用机房配备防电磁干扰、防静电、防尘、隔热设施、过载保护装置、电磁信号干扰器和不间断电源，其中电磁信号干扰器和不间断电源要有保密检查部门核发的生产许可证。局域网络布线合理规范，配备加密的数据库存储和传输设备。

二、加强库房保管中的安全管理措施

（一）加强档案规范化管理

依据国家档案安全政策，完善档案安全标准规范，制定库房安全管理规章制度。

严格执行标准规范和管理制度，实施档案保管安全措施，强化人员安全意识，以制度、人员和技术弥补设施的不足，消除和化解档案库房内的安全隐患与薄弱环节。

建立突发事件、灾害和人为事故的库房应对机制，建立档案安全监测、案件收集及技术防范的库房数据库管理系统。

（二）建立健全库房管理制度

库房内柜架及案卷排放整齐、有序、科学，各种标识醒目、清楚。建立库房管理制度，定时观测和分析库房温湿度，改善安全环境。定期对馆藏档案、资料的数量、质量情况和保管状况进行全面清查和分类统计，写出评估报告。

馆内设置的馆藏档案陈列室、展览室要符合档案安全管理要求。

制定档案利用的安全管理规定，档案阅览室和专门查阅档案接待室符合安全管理要求。馆藏档案以复制件代替原件提供借阅，建立档案利用登记。严格执行档案利用审批手续、借阅登记和催退制度。

（三）实施保管中的档案安全

强化档案保管中日常性、经常性安全检查，采取切实有效的防范措施，消除或减少档案安全事故隐患。

确保档案库房无鼠、无虫及无尘，不得堆放与档案无关的物品。

严格执行规章制度，建立岗位责任制，做到责任到人；消除和克服保管档案中的麻痹、松懈与侥幸心理，减少自然或人为因素的损害。

第二节　库外档案工作环节的安全管理

档案接收、整理、利用和移交等诸多工作是在档案库房外进行的，加强库外档案工作环节中的安全管理，是防范档案损伤、损毁，延长档案使用寿命的重要手段。

一、档案收集中的安全管理

档案收集是档案安全管理的一个重要环节，确保在工作活动中档案的完好无损是档案安全的基本要求。档案收集中的安全管理主要有：

（一）档案接收中的安全管理

1. 档案部门按有关规定和标准进行档案检查与验收

各类专门档案移交时，应事先与档案馆取得联系，由档案馆按照国家规定进行质量检查；交接双方逐卷、逐份、逐张清点无误后，签字交接。

2. 建立健全的档案接收管理制度

制定档案接收进馆质量标准和检查验收制度，接收进馆的档案须符合安全要求。安全监管档案进出库的过程，建立进馆档案、资料进出库登记，进出事项登记准确，账物相符，退回库内的档案要及时、准确归位。

3. 档案和装具入库前的安全处理

接收进馆的档案和新启用的档案装具入库前要进行安全处理，防止有病害的档案进入档案库房，防止档案装具的有害化学成分对馆藏档案的破坏，确保入库和馆藏档案的安全。

4. 注重档案接收时的保护工作

（1）核对档案移交目录。档案种类、形式、形状及存在状态等的不同，档案保护的工作也有较大差别。接收档案时需要核对移交目录，验明全部接收材料的数量，使档案实体与目录相符。核对完毕的档案不宜直接放入档案库，应按规定放进暂存库中存放，便于档案的实时处理与实施技术保护。

（2）检查档案状况。档案入库前应检查档案材质、字迹退变及虫霉破坏等状况。检查档案时发现有不利于档案保存的情况，必须进行相应的保护处理。对新接收的档案，一般应进行消毒灭菌处理，对发现有虫霉的档案，必须做到先消毒、后入库。

（3）填写保护工作记录单。在登记接收档案过程中，要记录有关档案保护方面的信息，包括档案材料的种类、形式、现有状况、是否需要做保护处理，以及处理的技术与方法等内容。接收过程是档案保护工作的基础，为后期档案的处理与修复等工作做好充分准备，因此这方面的保护非常重要。

5. 检查合格后，连同案卷目录、卷内文件目录和检索工具，一并接收入馆

接收档案时，交接双方必须清点核对移交目录，并在交接文据上签名和加盖公章。

（二）档案征集的安全管理

档案征集过程中，要注意档案的安全管理。

第一，档案管理部门应当建立档案征集的安全管理制度。征集来的档案要及时归档，有关部门应及时向档案管理部门移交。

第二，征集档案进馆前，要严密包装，妥善运输，专人护送，保证档案安全。随身携带档案应按国家相关规定办理。征集的档案要建立入库目录及内容登记，并按规定放进暂存库中进行档案的安全监管和保护处理。对新征集的档案入库前应进行检查，了解档案材质和损毁等状况。

第三，登记征集档案时，必须记录有关档案的种类、形式、载体材料、现有状况以及是否需要保护处理等相关信息。

二、档案整理归档、编研中的安全管理

整理归档、编研是档案安全管理的重要环节，必须确保档案在整理、归档、编研工作中档案的安全、真实、完整，不出现任何损失。

（一）档案整理归档中的安全管理

1. 整理档案

应当做到分类准确、编排有序、目录清楚、填写规范、装订整齐、格式统一。档案的目录、内容、填写要求等，按照有关规定执行，确保完整性。

2. 文件材料归档

应经过认真鉴别，保证材料完整齐全、文字清楚、手续完备、符合规范，利于长久安全保存。

3. 加强整理时的保护工作

填写相关档案信息时，必须使用耐久性字迹，并确保内容准确完整、清晰和真实。在逐卷、逐件进行档案整理时，应把档案保护的有关内容考虑在内。

第一，清除有破坏作用的纸夹、铁钉、橡皮筋、绳带和曲别针等文件装订物、添加物等。

第二，对有些档案进行舒展平整、表面去污和修裱等保护性处理，去除表面灰尘和污物，修裱已受损档案，并对紧卷或折叠的材料进行增湿平整，改善档案

的外观并保持整洁。

第三，档案装入盒时，应正好将档案盒装满，避免盒内档案不满时出现卷曲，或过满时取放案卷对盒内脆弱纸张造成破坏。档案盒平放在档案架上，防止盒内文件的卷曲。

第四，有些酸性较强，却是案卷一部分的材料，会对周围档案造成损害，可以分开立卷，或在原处做物理性隔离，以保护周围档案免受酸性腐蚀。

第五，对于数量大、有潜在危害的档案，可单独立卷。

4. 档案整理归档

应当按照档案安全要求逐卷、逐件进行，慎重处理档案原件；防范人为灾害、突发事件，以及不当操作造成档案的丢失、破坏或损毁。档案在整理完毕后，应当及时归档。

（二）档案编研中的安全管理

第一，档案编研接触档案较多，在开发档案信息资源的同时，需要加强档案的安全管理，防范可能出现的各种损伤和破坏行为。

第二，档案编研时，应当依据档案法规，遵循档案保护的标准与技术规范。

第三，遵守档案利用与安全的相关规章制度，规范管理，避免使用不当或过度造成损伤及损毁。

第四，从保护档案、方便利用的原则出发，更多采取档案的数字形式、复制件形式，尽量避免档案原件的重复使用，减少利用损伤。以档案编研成果的形式提供利用，可以减少磨损，使档案长久保存。

三、档案利用中的安全管理

档案利用的方式比较多，目前主要有档案阅览服务、档案展览和档案外借等。

（一）档案阅览服务中的安全管理

档案利用是档案工作的一项专门活动，档案工作人员与用户在档案利用服务中，除应当遵守档案馆相关规定与要求外，还应当注重利用中的档案安全，确保档案不丢失、不损坏，档案信息不失密、不泄密。

第一，档案在提供利用过程中，必须制定管理规章制度。阅览室的规章制度及借阅手续必须始终如一，坚持不渝地贯彻执行。

第二，做好档案利用登记，限定用户利用范围，严格审批手续；提供利用时，一般档案尽量用复制件，珍贵档案必须用复制件；重要档案和珍贵档案的原件一般限于在馆内使用，不得借出馆外。建立完整的登记、借用、归还等手续。

第三，使用单位对摘录、复制的档案要严格登记，妥善保管，不得散存在个人手中，不得扩散和转让。严禁擅自摘抄、复制档案，因工作需要从档案中取证的，必须按查阅档案审批权限经审查批准后才能复制（或拍摄）。

第四，强化档案阅览的保护工作。阅览室管理人员应告知利用者有关档案借阅的规定、程序、阅览室须知等规章制度。利用者进入档案阅览室时要登记，所带物品均应集中放在指定地点，不准随身带进阅览室，并在表格上签字以示接受管理。对于那些等待保护处理的易破碎档案，或者尚未登记入册的档案，管理人员应拒绝提供利用。当有复制品时，应对原件的使用做一定限制。只有查阅原件才能解决问题的特殊情况下，方可借阅原件。

严加控制利用者一次可借阅的档案数量。对于价值高的档案，可以规定每次只能借阅一卷或一件。在借阅整盒或整卷档案时，应认真清点卷内文件的件数，防止出现档案丢失情况。

第五，利用者必须爱护档案，不得有任何损害档案的行为，离开阅览室时，必须交还所有借阅的档案资料。在档案利用场所安装摄像监视器，严防利用者在档案上涂改、圈画、抽取、折叠、裁剪、撤换。违者要追究当事人责任。档案利用者不准向无关人员泄露档案内容。

第六，档案库房不对任何利用者开放。利用者在使用档案时应接受监督。档案资料不得传阅，即便是馆内人员也不例外。阅览室应时刻有人值班。有条件的档案馆可在阅览室等区域安装遥控电视监视系统。

第七，收回档案时，仔细翻阅检查被利用的案卷和摘抄的内容，发现问题及时处理并使档案安全责任落实到人。

（二）档案展览活动中的安全管理

第一，档案展览活动中，由于活动范围广，接触对象多，档案展览形式多样，在使人们获得优质服务效果的同时，也增加了档案受损和破坏的概率，因此，加强档案展览过程中的安全管理非常必要。

第二，档案展览场所应配备安全设施和保护设备，防止档案被盗、被损坏、被破坏等情况发生。

第三，注重档案展览的保护工作，建立展览的规章制度是保护展品的必要措施。

一是做好档案展览的保护计划。无论展览规模大小，档案展品保护问题必须作为展览计划的重要内容加以考虑。①考虑哪些档案作为展品，用原件还是用复制件。一般情况下，复制件能达到与原件同等效果时，用复制件作为展品；巡回展出或当展品的安全和必要的环境条件得不到保障时，则只能选择复制件。②考虑参展档案的实际状况。判断档案是否达到展出的强度要求，是否须经修裱后方可展出，字迹及色泽在光照下是否褪色或造成严重损坏的后果。③考虑展区的地理位置和安全要求等。

二是确定展厅的光源及照度，这对展览中的档案是非常重要的。展览库区一般要求照度为50勒克斯左右，展柜内辅助采用感应光源照明，确保展品清晰识别，并增加弱光保护措施。展出时必须采用紫外光防护措施，如贴紫外光过滤膜，安装紫外过滤器，以及采用有机玻璃展柜等。

三是控制好展柜内微环境的湿度，使其保持在适合存放档案的温湿度范围。展柜不应密封，防止因空气不流通导致的热量或湿度聚集，不利于展品的保护。可在柜子底部凿一两个小的通气孔，以解决通风的问题。控制展品柜内温湿度最有效的办法是使展览室保持适宜的温湿度。

四是避免任何展品的长期展出。避免档案展品长期暴露于光线之下，引发光照理化反应损坏档案。若需要较长时期展览，可采用相似展品进行轮换展出。特别珍贵的档案不要轻易展出原件，若非展出不可，应采用特殊保护措施。

五是加强档案展品准备、包装及安放过程中的保护。展出前须进行表面去污、加固、修裱等防护处理。用于镶嵌的全部材料都必须牢固和安全，一般使用中性或弱碱性、不含机械木浆的纸板相框。聚酯相框、聚酯封套和薄膜是布展中较理想的材料。胶黏剂和压敏胶带不能直接接触档案材料。

第四，制订档案展览中灾害防护和突发事件应急处置方案，监管展览中的档案安全，防止档案展览过程中人为损伤、展览环境变化、用户不当操作等因素对档案的破坏，确保档案安全。

（三）档案外借（转递）中的安全管理

第一，出借给单位或个人的档案复制件、摘抄材料，必须加盖档案馆（室）公章。

第二，档案馆（室）要检查与控制借出的档案，除做证明使用的档案复制件、摘录材料外，不允许利用单位或个人长期保存，用毕一律退回。利用单位或个人借用的档案，要严格登记，妥为保管，不得扩散和转让，以确保档案安全。

第三，加强档案外借的保护工作。借出的档案必须保留副本。档案借给外单位用于展览或其他用途时，必须签订借展或借用合同，合同上要写明借出条件，内容包括：借出时间、实际展览或使用期限、归还时间，标明档案的材料、价值及质量情况，借还时所用的运输方式，安放展品或档案使用的方式，明确档案在整个外借过程中必须采取的保护方法与措施等。

第四，由于特定原因需要转递档案的，应遵守下列规定：

一是转递档案，应当安全保密，手续齐全。转递档案必须进行相关项目的详细登记，经档案管理部门负责人审批并严密封包后，加盖密封章发出。

二是确保安全的转递方式。档案由其档案管理部门通过专人送取，不准邮寄或交本人自带；转递档案，通常以机密件邮寄；成批转递档案，须派专人护送。未经批准，不得将档案交用户本人自带。

三是转出的档案必须完整齐全，不得扣留材料或分批转出。

四是转递档案，应当对档案袋密封盖章，填写"档案转递单"，并严格登记。接收单位收到档案核对无误后，应当将"档案转递单"回执签名盖章并及时退还，防止出现档案丢失或损坏的情况。

四、档案移交转运中的安全管理

（一）档案运输转移中的安全保护

档案在入馆前、外出参展时，以及出借中，是处于转移运输的过程。档案转移运输时，使用牢固、干燥的包装材料和装载形式对被送档案进行包装，并进行档案安全检查，防止转运过程中档案的损失。

1. 做好准备工作

运输前备好以下用品：牢固、干燥的包装箱，软纸，牛皮纸，塑料薄膜，减震材料，粗绳子，纸板和为保护脆弱档案而制作的封套、卷夹，以及超大尺寸的圆筒等。

2. 档案转运中包装箱应符合档案安全要求

装箱过程中，包装箱和其他装具都应清楚地标明档案转运单位和接收单位的名称、顺序号、档案的数量以及须特别注意的事项等。全程注意档案的完好与完整，避免发生档案损坏、被盗、丢失事件。

3. 妥善包装被送的档案

不同形式的档案需要不同的包装方法，普通案卷可用一般纸箱包装，一些特殊类型档案需要采用符合其规格要求的包装形式。

4. 注重档案装箱的适合形式

装箱前，尺寸小的档案可先放入包装袋；尺寸长的成卷档案，放入直径足够大的大规格圆筒内，或把成卷档案用牢固的牛皮纸包裹。照片和底片应先装入牢固的纸袋内，再放入有一定强度分隔物的盒内。立体形状的实物档案应用软纸或塑料薄膜包裹，相互间应用填充材料隔开。档案装箱时，包装箱不要装得太满或太松。需要将档案连同柜子一同转移时，应确保柜内档案（易碎的载体）不受损；关牢所有档案柜门，防止档案的丢失及顺序错乱。

5. 档案远距离运输转移，应考虑天气变化

防范暴雨、冰雪或大风等恶劣天气，以及突发事件可能对档案造成的损失和危害。

（二）档案移交的安全管理

档案移交工作中明确工作人员责任，维护档案安全完整，档案工作人员必须确保档案移交工作有序进行，规避档案移交工作的问责风险。

第一，立档单位应依法定期将具有长远保存价值的档案向归口档案馆（依行政隶属、专业对口、行业系统）移交。

第二，移交时要做好交接前的准备工作，对所有保存档案进行一次全面清理，做到账物相符。对借出的档案要及时催还，一时归还不了的要问明原因，整理好档案借阅查询登记簿，并在档案借阅查询登记簿上注明原因及催还情况。

第三，按档案移交要求编制移交清单，有特殊情况需要说明的附于清单后。

第三节　档案减灾与突发事件的处置

一、档案减灾

（一）档案灾害

1. 档案灾害概述

灾害包括自然灾害和人为灾害。人为灾害一般具有可控性，只要预防得力，管理到位，可以避免；自然灾害尤其是特大自然灾害大多难以控制，一旦发生将造成巨大损失，对档案馆（室）危害极大。

我国是一个自然灾害频发的国家，以洪涝灾害、火灾、台风、地震、滑坡、泥石流等最为普遍。上海地区的灾害更多的是热带风暴、台风、城市水涝等。灾害对档案馆（室）的危害是多方面的，包括对馆（库）、设施、设备、档案实体以及档案利用者和档案工作人员的危害等。档案具有稀缺性和唯一性，如在灾害中发生损毁或严重受损而失去利用价值，将造成无法弥补的损失。

2. 破坏档案的灾害类别

（1）洪涝灾害

发生时可能淹没档案馆（库），导致馆（库）倒塌；可能造成供水、供电、供热、空调、消防、计算机管理系统等设施瘫痪，导致档案实体的严重受损，造成档案信息的读取困难。洪涝灾害还可能引发滑坡、泥石流等次生灾害。

（2）火灾

火灾会造成档案馆（库）结构性破坏，设备损坏，档案烧毁、高温老化、烟熏，对档案造成的破坏大多是毁灭性的。火灾还会间接地产生档案被消防水淹或污染等危害。

（3）地震

地震，特别是特大地震一般会造成档案馆（库）坍塌，设施设备毁坏，档案被掩埋，且往往会伴随火灾或水淹，档案损毁量大，破坏严重。

（4）台风

台风会造成档案馆（库）坍塌，电力中断，台风引发的降雨还可能造成档案受潮、被掩（淹）等。

（5）滑坡、泥石流

滑坡、泥石流会造成档案馆（库）坍塌，电力、交通中断，会造成档案被冲走、水淹、受潮等。

（6）雨雪冰冻灾害

雨雪冰冻灾害会因为电力中断，造成档案库房温湿度无法控制而对档案产生不良影响。

（二）档案减灾策略与方案

1. 档案减灾的目标、策略

（1）档案减灾的国家策略

我国非常重视档案的减灾工作，在长期的减灾救灾实践中，建立了符合国情、具有档案特色的减灾工作机制。国家档案局在国家减灾大战略下，依据《中华人民共和国突发事件应对法》《中华人民共和国防震减灾法》《中华人民共和国防洪法》《地质灾害防治条例》《建筑工程抗震设防分类标准》（GB 50223–2008）等一系列防灾减灾的法律、法规、标准及规范，分别制定了《档案工作突发事件应急处置管理办法》和《档案馆防治灾害工作指南》，实施了档案灾害应急响应、灾害信息发布与共享、救灾应急物资储备、重大灾害抢险救灾联运协调等机制。建立健全了针对自然灾害、突发事件和日常安全管理的档案减灾工作体系。各地档案部门也建立了相应的减灾工作机制。

（2）档案减灾的主要任务

档案减灾的主要任务是：制定系统、规范的档案减灾政策、法规，以及适用的管理规章制度，制定科学有效的档案减灾预案，形成完善的档案容灾及风险防范体系，增强档案灾害监测预报、应急处置、灾后抢救修复的能力建设，做好档案减灾的科技支撑和宣传教育工作，建立健全国家、省、市、县四级的档案减灾一体化综合管理体制。

2. 档案减灾方案

（1）建立备份机制

建立完善有效的备份机制，做好档案实体、档案信息的备份工作，是抵御灾害、突发事件破坏，确保档案安全的一项重要措施。

实施档案备份工作时，要遵循档案备份的基本原则，根据档案工作的实际情况，确定档案的容灾备份方案，分别采取异质化备份和异地备份方式。在进行电子数据备份时，注重选择备份方式和备份介质。

（2）完善建筑防灾设施

灾害预防控制工作需要从源头抓起。档案馆的防灾减灾工作首先考虑从馆（库）建设开始，遵循"预防为主，防治结合"的方针，从馆址场地调研、灾害威胁评估、灾害预防对策、建筑总体设计等方面，综合分析，统筹谋划，借助规划、设计、技术、管理等手段，全面提高档案馆建筑的综合防灾能力。

实施中，明确新建档案馆建筑在灾害评估与预防对策、馆址选择、建筑设计、防火设施、消防设施、防洪防涝、建筑施工等方面的防灾要求，对档案馆（库）的围护结构、库房门和窗户等进行有效地改造与加固。同时，结合应急预案的制定，做好减灾防灾的培训与演练，充分做好防灾抗灾的资金和物资的准备，提升档案馆（室）的防灾减灾能力。

（3）做好灾害预防和安全检查

档案行政管理部门要重视档案防灾减灾工作，加强组织管理和监督指导，实施档案减灾设备使用的技术指导，制定档案安全的工作机制，落实档案减灾措施。

档案馆（室）要做好档案工作各环节的安全保护，定期对文书立卷、接收移交、库房管理、提供利用等进行安全检查，杜绝一切引发档案事故及灾害的风险因素和事故隐患。重点检查库房和利用档案的场所与部位，维护馆（库）设备设施，不定期进行馆（室）全员的消防、减灾及应急防范演练。

（4）加强灾害应对工作

灾害来临时应当有序地开展档案减灾工作。发出灾情预警或档案馆值班员发现灾情后，应当立即报告本单位领导和上级有关部门，及时通报出事地点、灾难种类、伤亡人数、损害状况及其他异常情况等。应急指挥机构得到警报后，应当及时勘查现场，锁定发生原因，判断是预警性自然灾害、突发性自然灾害、火灾事故，还是其他灾情，同时发出报警信号，启动应急预案。

依据灾害情况和危害程度，做出是否采取对馆内人员和馆藏档案进行紧急疏散的决定，同时根据档案受损情况和破坏状况，确定紧急处置的相关事项，为灾后档案的恢复抢救做好充分的条件准备。

（5）实施灾后恢复重建

灾后受损档案的恢复抢救，需要及时跟进。主要包括四方面工作：

第一，受损情况调查评估与重建规划。主要包括档案受损情况调查、档案馆舍受损情况的评估鉴定、抢险救灾报告以及恢复重建规划等。

第二，受损档案的抢救修复。包括真空干燥、熏蒸消毒、除尘处理、去除污渍和修复加固等。

第三，档案信息管理系统及电子数据的灾难恢复。主要包括基础设施恢复、网络系统恢复、管理系统及电子数据的恢复等。

第四，受损档案馆舍的恢复重建。主要工作包括受损馆舍的维修加固、严重受损馆舍的重建方式与重建要求的落实等。

（三）档案减灾措施

灾害给馆藏档案造成的危害，具有突发性、毁灭性，后果十分严重。档案灾害主要表现为火灾和水灾。

1. 档案减灾工作

在采取档案减灾措施时，应当做好三方面工作：

（1）应急处置的准备

加强档案灾情掌握，与国家防灾机构和有关部门建立紧密的联络，了解国家的政策和灾情信息，建立上下贯通、横向结合的信息保障渠道，制订和改进档案灾害应急方案，配备档案减灾设施设备，组织相关知识和技能培训，确保专业人员和减灾物资等准备工作的落实。

（2）应急处置的组织

以快速反应为目标，集中力量，统筹安排，按档案灾害发生的状况，布置档案减灾工作，实施统一指挥，有序调动人员、设备和物资，开展档案减灾工作。

（3）应急处置的步骤

对档案灾害区域进行险情排查、灾害档案的转移处理，适时进行重要档案的抢救作业；依照先人员、档案，再材料、设备的次序进行灾害期间紧急处理；最后进行现场清理，为后期的灾后抢救修复重建提供必要的信息支撑。

2. 火灾防范

档案馆内火灾多起于老式建筑内陈旧的电灯线路短路及用火不慎。

（1）一般性防范

火灾一旦发生若能及时扑灭于初起状态，可减少损失。因此，火灾预先探测和快速报警十分必要。火灾自动报警设备种类很多，常见的有感烟探测器、感温探测器、感辐射探测器等。感烟探测器对烟气敏感，一旦火灾发生，微量烟气也能被其捕捉，而通过电子设备或光敏元件变成电信号，使感烟探测器发出警报信号。感温探测器内的热敏元件对周围环境温度较敏感，火灾发生时，环境温度上升到一定程度时或环境温度上升速率超过特定值时，感温探测器就会发出报警信号。火灾发生时，除烟气、温升外，可燃物还会发出红外线和紫外线，感辐射探测器能把接收到的红外光、紫外光能变成电信号，发出火警信号。档案存放处和利用处都应安装这类报警设备。报警设备应安装在大楼都能听到的地方。

（2）档案馆防火灭火措施

档案馆及库房应远离各类火源，建在工厂或居民区附近的档案馆（库），应在屋顶上铺一层防火毡，防止工厂或居民区燃烧的灰烬落到屋顶，造成火灾。

为了防止火灾，档案馆大楼内任何区域禁止吸烟，在准许吸烟的规定区应有消防设备。库房内部是重点防止火灾发生区，库房应按规定配备火灾检测装置和灭火设备，馆内所有的火警和灭火系统都应定期检查，确保随时可用。档案馆全体工作人员都应清楚馆内的火警和灭火系统，懂得各种灭火系统及其操作方法。

报警装置应设在明显位置，用于档案灭火的灭火剂必须同时具有灭火效率高、不损坏档案载体及对人生命无威胁等特点。

档案柜架的排列应有利于防火，库房的地面和墙体应使用耐火材料，办公区、楼梯应用防火层隔离，以防一旦发生火灾，火势蔓延到其他库房。

档案馆应当与所在地的消防部门保持经常联系，接受他们的检查、指导。成立业余消防组织，并对其成员进行必要的技术训练，掌握灭火设备操作知识和灭火的实际经验，以应对火灾的突然袭击。

在接到火灾信号后，应立即灭火。灭火器应放在公共区醒目位置。用来灭火的设备主要有两大类：灭火器和自动灭火装置。灭火器是小型易于灭火的器具，通过手动操作，灭火剂能从灭火器内喷出，进行灭火。自动灭火装置一般没有操作装置，利用的是自动控制设备，将传递的信号转变成机械操作，开启灭火设备阀门，喷出灭火剂灭火。自动灭火设备可以一面报警，一面灭火，若局部区域起火而在全房间内喷射灭火剂，不但浪费，而且对清理善后工作不利。从现阶段看，只须对个别部位安装自动灭火设备，其他地方均可放置灭火器，灭火器不仅价格便宜且适用，可有目的地、准确地射向着火处。

3. 水灾防范

档案水灾一般包括两种类型：自然水害和人为水害。档案馆内人为水害主要是由水管破裂、屋顶渗漏、蒸汽管漏气、空调坏裂、自动灭火系统故障及灭火用水等造成的。

水灾防范主要有两方面工作：一是灾害或灾祸发生的因素分析；二是制订相应的灾害防范方案。

（1）综合分析水灾发生的因素和条件

水灾防范，需要对灾害发生的诸种因素和条件进行综合分析，解读其中可能引发灾害的档案实体、所处环境状态、档案工作实践因素以及使用和维护的设备设施状况等，在深入分析水灾发生要素的基础上，揭示水患灾难及水祸事故的原因和特点，有针对性地采取应对措施，消除灾害或事故苗头，防止档案水灾的发生。

档案水灾发生有其不可预测性和突然性，但对档案破坏的产生应当有相应的征兆，特别是人为灾害的发生是有一定成因的，达到爆发的程度也需要一定的时间。这种潜发过程对水灾防范非常重要，是我们进行灾害预案的条件和可供掌控灾害的基本前提。

（2）制订自然水灾及人为水祸的防范方案

分析档案水灾风险与减灾防灾的可操作性，制订针对自然水灾及人为水祸的防范方案时，应当根据档案载体、档案工作环境和水灾致害因素，进行深入的灾害演进过程分析，明确灾害发生前期的特殊现象和表现，结合现有的技术条件和设备设施状况，进行多因素、全面性的综合分析，特别是对致灾因素的表现进行适时的量化分析和归纳，通过某一特定因素的指标增减变化情况，及时发现处于潜伏期和隐蔽期的"档案水灾"，防止可能发生的水灾事故，确保档案安全稳定。

（四）灾害档案的抢救

1. 灾害发生时的紧急处置

（1）转移灾害档案

档案遭受灾害危害时，必须进行必要的紧急处理，使档案迅速脱离灾害因素的作用环境。很多时候是使档案从废墟、水患、火光浓烟等特别恶劣的环境中抢救出来。

（2）进行简单的档案处理

进行受灾档案的整理、归类、登记等，有计划、有序地进行档案转移；使重要的档案迅速进入一个较为良好、适宜的环境中进行保管和提供利用，这种过程主要是防止损害因素的继续破坏，使档案受到的威胁得到解除。

（3）完成灾后档案修复的准备工作

进行档案修复前的相应准备工作，分析受损档案的破坏程度、致灾因子等，确定需要选用的修复材料和配套工具设备、应当采用的修复和恢复方法等。这一过程为灾后受损档案的修复提供基本和重要的保障条件。

2. 火灾受损档案的处置

有的纸质档案在火灾中虽经火焚，但尚未完全灰化，通称为炭化档案。此种档案由于纸张已经炭化、酥脆，强度极低，极易成碎片。因此，需要及时进行修复。

（1）加固炭化档案

炭化档案纸张的机械强度几乎完全丧失，需要采用干托方法进行加固，使之具有一定强度，便于存放。

（2）翻拍显示字迹

炭化档案上的字迹难以辨认，可用照相机放在小型翻拍架上进行摄影复制。

3. 水灾受损档案的处置

纸质档案水淹后必须进行紧急处理，防止档案霉烂及其他损害情况发生。一是尽快加快空气流动，降低水淹档案环境的温度。二是采用冷冻、去污、干燥、消毒等方法进行紧急处置。

（1）冷冻方法

将纸质档案用冷冻纸、蜡纸或硅纸包起来，并标明档案名称、卷宗号码、原放置地点，随后放在坚固的硬纸盒或塑料盒中，送入冷柜。冷冻的温度低于-29℃。

（2）去污方法（清除污泥）

灾害档案去污时，先鉴别字迹的耐水性，对水溶性字迹的档案和字迹不溶于水的档案，分别加以处理。具体处理方法参见纸质档案的去污技术。

（3）水浸档案的干燥方法

干燥对水浸档案十分重要。干燥过程不可暴晒档案，避免档案受到损坏。

主要方法有：①夹纸法，在纸质档案中每页纸夹一张吸水纸；②自然干燥法，打开受灾区域的门窗，驱散室内潮湿空气，并进行灭菌处理；③远红外干燥法，用远红外发生器使水淹档案纸张中的水分达到正常含水量；④冷冻干燥法，对冻结状态的纸质档案抽真空，使冰晶通过升华变为蒸汽而被抽走；⑤真空干燥法，将水淹纸质档案抽真空，再升高箱体温度加快干燥速度；⑥去湿机减湿法，通过去湿机，使水淹档案在密闭环境中排除空气中部分蒸气而迅速干燥；⑦常压低温干燥法，将控去纸张表面水分的档案放入低温（-20℃）设备内速冻后，移入冷藏柜内进行干燥。

（4）消毒方法

水淹纸质档案极易长霉，要及时进行消毒处理。

主要方法有：①水灾现场消毒处理，可用百里酚药剂对水淹档案现场进行喷雾；②大规模消毒，用甲醛溶液等药剂对经过干燥的纸质档案进行熏蒸消毒；③消毒后纸质档案需要放在18℃、相对湿度为35% ～ 45%的环境中，持续观察纸质档案6个月左右，防止长霉现象发生。

（5）底片档案的抢救

底片遭水淹后，底片上的明胶容易发生溶化、划伤、粘连等现象，应及时进行降温、清洗、坚膜处理。

二、档案工作突发事件处置

（一）档案工作突发事件及其危害

1. 档案工作突发事件的界定

根据2007年11月1日起施行的《中华人民共和国突发事件应对法》，突发事件是指突然发生，造成或者可能造成严重社会危害，需要采取应急处置措施予以应对的自然灾害、事故灾难、公共卫生事件和社会安全事件。

档案工作突发事件，是指由人为或自然因素引起的突发性危及或可能危及档案安全和严重干扰档案工作秩序，需要采取应急处置措施以应对的事件。

档案工作突发事件是一种意外地突然发生的重大或敏感事件，主要是天灾人祸。常见的突发事件主要有自然灾害、事故灾难、公共卫生事件、社会安全事件等四种类型。

档案工作突发事件的发生、发展一般速度很快，出乎意料；一旦发生往往难以应对，必须采取非常规方法来处理。因此，制定相应的应急预案和预警机制显得十分重要。

2. 档案工作突发事件的危害程度和特点

档案工作突发事件根据其危害程度可分为特别重大、重大、较大和一般四个级别。

对于档案工作突发事件的预警级别可以参照国家标准实施，一般依据突发事件可能造成的危害程度、波及范围、影响力大小、人员及财产损失等情况，由高到低划分为特别重大（Ⅰ级）、重大（Ⅱ级）、较大（Ⅲ级）、一般（Ⅳ级）四个级别，并依次采用红色、橙色、黄色、蓝色来加以表示。

档案工作突发事件的特点主要有：

（1）引发突然性

档案工作突发事件是通过一定的契机诱发的，这种诱因具有偶然性和隐蔽性，事件发生的具体时间、实际规模、具体态势和影响深度，是难以预测的。

（2）目的明确性

档案工作突发事件，有明确的目的性。事件本身虽无目的性，但是在处理这类事件的过程中，目的性是十分明显的。

（3）瞬间聚众性

档案工作突发事件涉及一部分人的切身利益，会引起人们正常的关注和不安。事件多是由少数人操纵，通过宣传鼓动把一些群众卷到事件中，出现一人纠葛、数人响应的聚众性。

（4）行为的破坏性

档案工作突发事件不论什么性质和规模，都必然不同程度地给馆藏档案和档案事业造成破坏与损失。

（5）状态的失衡性

档案工作突发事件破坏了档案工作秩序，偏离了档案事业的发展轨道，使良好的档案工作环境、正常的档案工作秩序遭到破坏，处在混乱无序的失衡状态。

（二）突发事件的应急处置预案

档案行政管理部门、档案馆（室）应建立严格的档案工作突发事件（以下简称突发事件）防范和应急处置责任制，制订相关工作预案，切实履行各自职责，保证突发事件应急处置工作有序进行。

突发事件应急预案的制订，应当遵循国家法律、档案行政法规的规定，以档案安全工作为基础，防范突发事件的发生。突发事件应急预案的内容主要有：

第一，编制和实施预案的有关危机情况与背景。

第二，应急处置工作的目标、要求和具体措施。

第三，应急机构的建立及人员组成，应急处置工作队伍的数量、分工、联络方式、职能及调用方案。

第四，有关协调机构、咨询机构及能够提供援助的机构、人员及其联系方式。

第五，抢救档案的顺序及其具体位置，库房备用钥匙、重要检索工具的位置和管理人员。

第六，档案库房所在建筑供水、供电开关及档案库区、重点部位的位置等。

第七，向当地政府主管机关和上级档案行政管理部门报告联系方式。

第八，预防突发事件、救灾应注意事项。

应急预案的相关内容还包括：档案管理部门应当有专门机构或人员负责突发事件的日常监测工作，建立突发事件预警机制，及时收集有关政府机构、气象部门发出的预警信息。在监测过程中发现潜在隐患以及可能发生的突发事件，应及时启动有关预案，采取果断措施进行处治，防止危害和事故的发生。

制订应急预案后，档案馆（室）还应对相关人员进行知识教育培训，增强防范意识和提高应对能力，组织救灾演练；定期检查所属防灾、救灾设备设施。

（三）突发事件应急处置方案的实施

1. 实施的方法与步骤

实施突发事件的应急处置方案，应当注重以人为本，减轻危害，采取统一领导、分级负责、社会动员、协调联动的方式，实行属地先期处置和专业处置的原则，力保迅速高效的工作效率。

在方案实施过程中一般有以下重要步骤：

（1）接警与初步研判

当突发事件发生时，首要任务是确保接警渠道的畅通。一旦接到报警，应立即进行初步研判。这一阶段的主要任务是对事件进行快速而准确的判断，确定事件的性质、规模、影响范围等关键信息。通过收集和分析现场信息，可以初步判断是否需要启动应急预案，以及需要调动哪些资源和力量进行处置。

（2）先期处置

在初步研判的基础上，应立即进行先期处置。先期处置是指在专业救援队伍到达之前，由现场人员或先期到达的救援力量所采取的紧急措施。这些措施包括疏散人员、隔离危险源、控制火势等，旨在减轻事件对人民群众生命财产安全的威胁，为后续救援工作创造有利条件。

（3）启动应急预案

根据初步研判和先期处置的情况，如果确定需要启动应急预案，应立即通知相关单位和人员。应急预案是针对各类突发事件而预先制订的处置方案，包括组织指挥体系、救援力量配置、物资保障措施等内容。启动应急预案后，相关单位和人员应按照预案要求迅速响应，有序开展救援工作。

（4）现场指挥与协调

在应急救援过程中，现场指挥与协调是至关重要的。应设立现场指挥部，由专业人员担任指挥长，负责统一指挥和协调现场的救援工作。现场指挥部应根据事件发展情况和救援需求，及时调整救援策略和措施，确保救援工作的有序进行。同时，现场指挥部还应与上级指挥部保持密切联系，及时报告现场情况和救援进展。

（5）抢险救援

抢险救援是应急处置方案的核心内容之一。在救援过程中，应优先保障人民群众的生命安全。对于受伤人员，应立即进行救治和转运；对于被困人员，应迅速组织力量进行搜救。同时，还应采取必要的措施控制火势，防止次生灾害的发生。在抢险救援过程中，应注重协调联动，充分发挥各类救援力量的作用。

（6）扩大应急

如果事态发展超出预期或现有救援力量无法满足需求时，应及时向上级单位报告并请求增援。同时，还应协调周边地区或单位提供支持和协助。在扩大应急过程中，应注重信息共享和资源整合，确保各类救援力量能够形成合力共同应对突发事件。

（7）信息沟通

在应急处置过程中，信息沟通是至关重要的。应建立畅通的信息沟通渠道，确保各级指挥部、救援队伍、相关部门和社会公众之间能够及时、准确地传递信息。通过发布事件信息、通报救援进展、解答公众疑问等方式，可以稳定社会情绪，增强公众信心，减少谣言传播。

（8）临时恢复

在抢险救援工作结束后，应立即组织力量进行临时恢复工作。这包括修复受损设施，恢复基本生活秩序，保障群众基本生活需求等。通过临时恢复工作，我们可以尽快恢复受灾地区的正常生产生活秩序，为后续的重建工作奠定坚实基础。

（9）应急救援行动结束

当事件得到有效控制现场已安全稳定时，可以宣布应急救援行动结束并解除应急状态。在结束应急救援行动之前，应对现场进行彻底清理和检查，以确保没有遗漏的隐患和危险源。同时，还应总结经验教训，对救援行动进行评估和改进，为今后的应急处置工作提供参考和借鉴。

（10）调查评估

在应急救援行动结束后，应对整个事件进行全面调查评估。这包括分析事件原因、评估救援效果、总结经验教训等方面。通过调查评估可以深入了解事件的本质和规律，为今后的应急处置工作提供科学依据和参考。同时，还可以根据评估结果对现有的应急预案进行修订和完善，以提高应对突发事件的能力和水平。

2. 实施的过程管理

突发事件应急处置需要依据突发事件发生、发展的过程，分阶段实施有效的事件管理，一般可分为事前预案制定、事中应对处置、事后灾后恢复三个部分。处置过程应当对整个突发事件进行及时的评估与反馈。

（1）事前预案制

事前的管理和准备工作是突发事件应急处置的前提，体现"以防为主，防治结合"的方针。突发事件的预防是应急处置中的重点工作，也是应急处置过程中最为经济有效的方法和措施。做好突发事件的预测、预警工作，对事件信息及时发现，及时发布，是突发事件紧急应对的触发点，使事件应急工作提前进入，掌握主动权。

事前的安全管理包括：加强档案工作突发事件的常态化安全管理；事件处置方案与实施的教育、宣传、培训；监控事件发生源，排查事件潜伏因素，消除安全隐患；事件风险预测、评估、分析；组织实施事件预防性建设项目。

事前的准备工作包括：发布预测、预警信息，组织应急演习培训，部门之间商定共同防御事件与事故的计划、相互关联性，突发事件应对的有关人员、装备、物资。

（2）事中应对处置

突发事件的"事中应对"是突发事件预警信息发布并有效启动事件应对机制以后，到事件结束这一过程中对事件的应对处置。突发事件是由于一种或多种致灾因子所造成的环境短期变化并带有破坏性后果的特殊状态，往往持续时间短、破坏性强。如果在这一相对短暂的紧急时刻能够做出有效的决策并进行有效的应对，则必然会降低事件的破坏程度。对事件的响应速度是决定减灾效果的重要因素之一。

事件发生过程中的处置工作包括：实施紧急处置和救援，协调应急组织和行动，向社会报道有关事件发生的情况及采取的应对措施，指挥、控制信息的传递，社会救援力量的募集。

（3）事后灾后恢复

事件紧急应对阶段结束以后，并不意味着突发事件应急处置任务宣告完成。应急处置只是进入了一个新的阶段——事件后的影响消除。如果突发事件应急处置的前两个阶段出现失误和疏漏，在这个事后恢复阶段至少可以提供一个弥补部分损失和纠正应急处置流程中不足的机会。在事件结束以后，应该立即进入评估恢复重建阶段。

事后的抢救修复工作包括：启动恢复计划和措施；进行档案馆（库）建筑重建、恢复；受损档案的修复；对事件应对过程进行评估分析，改善应对计划。

3. 突发事件的分析、评估与反馈

对事件应对过程中的评估与信息的反馈是一个机遇。正确对待和看待事件，把握事件的契机，分析事件产生的原因、事件过程，并总结事件的经验和教训，在技术、管理、组织机构和运作程序上进行改进，完善突发事件应对工作，提升档案馆（室）事件应对处置的能力。

（四）突发事件处置机制的完善

1. 健全社会预警体系

健全社会预警体系，加强应急管理工作。档案工作突发事件发生前的预防是突发事件管理的重点，预防是突发事件管理中最简便、成本最低的方法。档案行政管理部门应健全监测、预测工作，及时收集各种信息，并对这些信息进行分析、辨别，有效觉察潜伏的危机，对危机的后果事先加以估计和准备，预先制订科学而周密的危机应变计划，建立一套规范、全面的危机管理预警体系，明确各政府部门的责任，对危机采取果断措施，为危机处理赢得主动，预防和减少自然

灾害、事故灾难事件对档案造成的损失，以保障档案安全。

档案馆建立危机管理机制，配套建设危机保障体系，制订档案危机的管理方案和实施计划，实行危机的决策指挥责任制；制定涉及组织、制度、方法、设备、信息平台和危害判定等的危机预警机制，及时监控、预测风险和掌控风险。

2. 加强协调

档案部门加强协调，对档案工作突发事件迅速做出反应。档案行政管理部门应该建立突发事件应急反应机制，进一步明确各部门的职责，将部门协调行动制度化，以保障各部门和领导能在第一时间对危机做出判断，迅速反应，政令畅通，各级档案部门协调配合，临事不乱。各地区档案部门要树立大局意识和责任意识，不仅要加强本地区本部门的应急管理，落实好自己责任范围内的专项预案，还要按照总体应急预案的要求，做好纵向和横向的协同配合工作。

按照科学性、实用性、可操作性和权威性要求，建立应急处置机制，及早发现、及时控制、有效化解突发事件的危害性。

3. 健全法制

加快档案应急管理的法制建设。档案工作突发事件的不确定性，在采取措施时没有相应的法律条款来支撑，可能对应急管理形成障碍，使情势不能得到及时遏止，因此，要把档案应急管理纳入规范化、制度化、法制化轨道，使法律跟上档案工作突发事件的发展要求。还要高度重视运用科技提高应对档案突发公共事件的能力，加强档案应急管理科学研究，提高档案应急装备和技术水平，加强档案应急管理信息平台建设，形成档案公共安全和应急管理的科技支撑体系。

三、数字信息安全容灾

（一）数字信息灾难

数字信息灾难主要包括人为事故、蓄意破坏、设备失效和自然灾害等类型。

1. 人为事故

任何单位都可能受到很多潜在事故的威胁。潜在的事故包括文件和记录级别的数据删除、数据损坏或者数据泄露。这些损失很隐蔽，跟其他威胁相比更加难以发现，在相当长的时间内不会引起注意，给灾难恢复增加了很大的难度。

2. 蓄意破坏

网络漏洞的存在，使黑客能够通过网络非法入侵计算机系统，造成系统和数据的破坏与泄露。如利用网络攻击计算机系统，通过各种渠道获取秘密信息；通过电子邮件等泄露国家秘密情报；通过增加、删除、修改等方式破坏歪曲信息内容；制造、传播计算机病毒，让系统陷入瘫痪等。

3. 设备失效

主要指电力设备的失效。如果电力设备突然失效，那么业务控制和数据处理等诸多方面都会受到影响，数字信息存储载体的耐久性也会受到影响。磁盘的寿命不超过10年，光盘也不超过30年，易受温度、磁场、记录存储格式、硬件配置等多方面的影响。

4. 自然灾害

自然灾害主要有地震、暴雨、飓风、海啸、火山爆发等，自然灾害属于小概率事件，但自然灾害的发生对档案数字信息而言，破坏性很大。

（二）信息灾难的容灾备份

目前针对信息灾难的数据备份，比较实用的主要有以下六种方式：

1. 本地备份异地保存

指按一定的时间间隔将系统某一时刻的数据备份到优盘、硬盘、光盘等介质上，然后及时地传递到远距离、安全的地方保存起来。

2. 远程关键数据加定期备份

指定期备份全部数据，实时向备份系统传送数据库日志或应用系统交易流水等关键数据。

3. 远程数据库复制

指在备份系统上建立重要数据库的一个镜像拷贝，通过通信线路将数据库日志传送到备份系统，使备份系统的数据库与原有数据库的数据变化保持同步。

4. 网络数据镜像

指对原有数据库数据和重要的数据与目标文件进行监控和跟踪，并将这些数据及目标文件的操作日志通过网络实时传送到备份系统，备份系统则根据操作日志对磁盘中数据进行更新，以保证原有系统与备份系统数据同步。

5. 远程磁盘镜像

指利用高速光纤通信线路和特殊的磁盘控制技术将磁盘镜像安放到远距离的地方，磁盘镜像的数据与磁盘数据以实时同步或实时异步方式保持一致。磁盘镜像可备份所有类型的数据。

（三）数据恢复与信息容灾

1. 数据恢复的类型

数据恢复是把遭受破坏或误损伤导致丢失的数据恢复出来。不仅可以对文件进行恢复，还可以恢复物理操作的磁盘数据，也可以恢复不同操作系统的数据。数据恢复的类型主要有硬件恢复技术、软件恢复技术、服务器和数据库恢复技术等。

（1）硬件恢复技术

硬件恢复技术，主要是硬件的固件损坏的修复，如硬盘的电路、磁头、盘片等出现故障。可以采用PC3000和相关的修复技术进行恢复。

（2）软件恢复技术

对由于病毒的破坏和人为因素对各种操作系统的损坏、文件误删除、误格式化、误分区、文件丢失等造成的文件破坏进行恢复。主要采用相应的软件进行数据的恢复。

（3）服务器和数据库恢复技术

主要采用专门的软件对服务器和数据库进行恢复。服务器存储系统非常重要，硬盘作为服务器数据存储的主要设备，同时也是一种技术含量高、制造精密的设备。

2. 灾备系统工程

灾备是一项系统工程，在建立灾备系统之前，首先要进行全面的系统分析，实施系统风险分析、业务影响分析等，风险分析是检查那些可能造成数据损失或者系统瘫痪的外在和内在因素。灾备系统工程包括：

（1）数字信息容灾计划

数字信息容灾计划是灾备系统工程的核心部分。它涉及制定详细的容灾策略，包括确定容灾系统的设计要求、决定设计参数、选择合适的容灾技术以及制定灾难发生后的应急程序。此外，容灾计划还应涵盖建立启动容灾系统的管理机构和各方面的行动小组，并考虑一些非技术因素，如人员培训、法规遵从等。

在制订容灾计划时，必须根据业务系统的实际使用情况，综合考虑地理环境、网络条件、投资规模、业务系统长远发展规划等各种因素。通过合理的规划和设计，可以确保容灾系统在灾难发生时能够迅速启动并恢复关键业务和数据。

同时，为了确保容灾计划的有效性和可行性，需要定期进行容灾演练和测试。这有助于评估容灾系统的性能，发现潜在的问题和漏洞，并及时进行修复和改进。

（2）灾难恢复的步骤

灾害与风险的不可预测性，使得要准确掌控即将发生的威胁与危害是十分困难的。但是通过实施以下步骤，可以有效提高业务持续性与容灾恢复（BCDR）计划的效率，增强自身的抗灾防护能力。主要步骤是：①认识威胁的存在；②列出并分类可能面临的威胁；③规划BCDR技术基础架构；④盘点IT资产；⑤设置服务等级预期；⑥制订BCDR恢复计划；⑦测试BCDR恢复计划。其中BCDR基础架构由一座主数据中心、一个用于自制资源的远程站点和一条高速网络连接组成。

（3）数据收集和关键需求分析

要确定关键性需求，每个部门都应该将本部门执行的功能文档化，经过一定的分析来确认部门内部和外部的主要职能。部门的日操作记录可以对确定关键性需求起到辅助作用。除此之外，还需要对以下信息进行文档化，主要有备份地址列表、关键电话号码记录、通信目录、分发记录、文档目录、设备目录、表格目录、保险政策目录、主要的计算机硬件目录、主要客户列表、主要供应商列表、计算机硬件和软件列表、通知列表、办公用品供应列表、异地存储地址列表、软件和数据文件备份和调度、电话目录等资料和文档等。

关键性需求可以通过问卷的方式来获得。问卷主要是将每个部门的关键性工作记录在案，并找出最小的必备资源，如人力、设备、供应商、文档等资源。

（4）风险分析

计划小组负责准备风险管理的流程和影响的分析。它们包括一定范围内的自然、技术或人为等灾害。每一个职能领域都应当针对几种假定的灾难设想，分析和判断相应的潜在结果与影响，在风险分析阶段还应评估关键文档和重要记录的安全性。

在多样的中断过程中，IT系统更容易受到损害。作为风险管理的一部分，有些风险是可以通过技术、管理和损伤执行方案来避免的，但不可能避免所有的风险。这种风险分析手段主要通过风险管理过程、风险信息分析和建立可靠的预防系统来实现。

（5）灾难恢复

灾难恢复主要是从业务持续和规划灾难备份技术两方面来进行。一是业务持续计划涵盖的阶段，主要有分析阶段、设计阶段、实施阶段等。二是规划灾难备份技术方案，主要有：关键业务应用灾难备份方案（热备份）、以存储为中心的灾难备份方案（温备份）、中等程度应用灾难备份方案（冷备份）和数据存储介质远程传送灾难备份方案（无应用备份）。

（6）维护与修改

灾难恢复计划应反映系统的需求、执行的流程和规则。因为随着应用需求、新技术的不断涌现以及新的内部和外部规则的变化,IT系统也会随之改变,所以，要确保灾难恢复计划的有效性，就必须定期地检查和修改计划。

一般来说，当每年或当计划涉及的内容有重大改变时，灾备计划需要做相应的检查，而有些内容更需要做频繁的检查，如人员的联系途径等。

（7）测试与培训

灾备计划的测试是灾备方案准备过程中的一个关键要素。测试可以暴露灾难恢复计划的不足之处，也可以帮助我们评估计划执行人员的快速响应能力和效率，灾难恢复计划的每一个要素都必须测试，保证其恢复过程的准确性。

测试过程是让灾难恢复计划的关键人员重复执行灾难恢复计划，这样做可以不断更新文档，并修补可能的遗漏，以保证即使主要人员休假，灾难恢复计划也可以执行。培训是对测试过程的补充，主要目的是明确灾难恢复计划中各成员的责任。

（8）具体实施程序

具体的实施程序主要有以下七个方面：①项目启动及项目组的选择；②数据收集和需求分析；③风险分析；④数据保护；⑤恢复计划；⑥培训与测试；⑦计划的维护与管理。

（9）灾备中心建设

灾难备份中心的建设应当注重其策略性、风险性、科学性、适宜性及便捷性要求。在建设规划方面，灾备中心和普通数据中心相比，有许多额外的要求，比如：灾难备份中心必须有严格的安全监察措施；对于通信线路、设备和服务商的选择，灾难备份中心应该有更高的级别；应具备应急中心媒体发布室、通信室、会议室、工作坐席，并准备办公设备；对于非恢复用的生活设施，在灾难备份中心也是有要求的。

第四节　档案安全管理工作的加强措施

从某种程度上来说，档案工作能够体现一个单位或部门在某一阶段或某一历史时期的完整性，是一项长期而具体的任务。当前，世界范围内的公共安全问题面临着巨大的挑战，因此，我们必须对档案的安全管理工作给予高度重视。档案管理部门应当制定好相应的应急措施和防范机制，将因为自然灾害和突发事件引起的档案管理事故损害降到最低，最大限度地保障档案的安全。

一、当前档案安全管理中存在的问题

（一）档案管理制度不健全，档案实体安全管理手段不够规范

当前大多数政府部门及社会组织单位并没有建立一个相对健全和完善的管理制度。而在我国快速发展的这几年，对于档案管理的规范和标准也在不断地更新、变化，导致我国当前档案管理出现滞后性的混乱。如仍然使用传统的手工操作档案管理，不仅工作量大而且效率低，容易出错，给档案管理工作带来许多麻烦。例如缺乏标准宗卷外观规定，有些宗卷页数缺乏页码，不利于归档；案卷归

纳缺乏统一标准，导致许多宗卷缺乏标题或题目不完整。由于一些组织对档案管理重视程度不够，有些工作人员在进行档案管理工作时责任心不足，在进行资料的收集、分类、汇总时过分强调档案的保密性，致使一些档案被尘封在保密架，无法被充分使用，造成资源浪费。

（二）对档案管理工作投入不足，档案管理人员素质有待提升

对于一些基层单位，档案管理人员不足、管理人员素质偏低等问题十分普遍。档案管理工作十分烦琐，需要对众多宗卷资料进行收集、归纳和整理，因此需要消耗很大的人力物力，然而档案管理人员不足、素质偏低使档案管理工作处于被动状态。许多单位对档案管理工作投入不足，对档案室的建设不规范，设备落后陈旧，对档案材料保护不足，使一些档案材料损坏、缺失，严重影响档案安全管理和工作质量。

（三）档案安全管理的主要影响因素

档案安全管理是一项系统、复杂、综合的管理工作。当前，一些档案管理部门普遍存在着档案管理安全问题，直接影响了其档案管理工作正常进行，甚至还会给单位造成巨大损失。从总体来看，目前档案安全管理的主要影响因素有：一是档案管理人员因素，档案人员的安全意识、职业素养、保密意识等；二是档案安全管理体制不健全，在档案立卷、归档、借阅、利用等环节没有按规范严格操作；三是网络安全、自然灾害、软硬件设施安全等因素。

二、加强档案安全管理措施

（一）档案安全管理以预防为主

各部门应该事先制定好安全防护措施和保护制度，并加强部门之间的安全管理宣传。灾害防治是一项长期的工作，也是档案管理工作的核心和主要任务。首先要提高档案管理者的安全防范意识，做好处理档案突发事件的应急预案。对已有的档案文件，应当拥有足够的安全保密意识，强化安全管理。正确处理好公开

档案与保密档案的管理，对开放档案的内容进行严格的控制。保证这些措施的有效执行，都将对档案的管理工作起到健康的促进作用。

（二）提高档案安全认识

强化档案安全管理责任意识和安全意识。为进一步提升档案安全管理质量和效率，档案管理部门应加强职业培训，逐步强化档案工作人员的安全意识与责任意识。在日常管理工作中，档案管理部门应制定切实可行的档案安全管理措施，同时加强领导，明确责任，切实履行监管职责。在思想认识上，档案管理部门应该明确其工作性质、地位、特点，坚持"预防为主，防范结合"原则，将档案安全作为其工作的重中之重，切实做好档案安全防范工作。此外，档案管理部门还应积极开展档案安全宣传教育活动，增强全员档案安全意识，树立"档案安全无小事，档案安全人人有责"的观念，培养和强化全员档案安全管理责任意识。

（三）建立健全档案安全管理机制

从源头上遏制档案安全管理漏洞。档案管理部门应该逐步强化内部管理，建立健全档案安全管理机制，明确档案安全管理要求与规则，将档案安全贯穿于档案管理的整个环节当中，建立健全并严格执行档案流动、保管和利用制度，构建档案安全标准体系。同时，档案管理部门还可以制定一套完善的档案管理应急预案，并定期开展模拟演练，以有效提升整个档案管理部门的安全应急能力。从档案收集、整理、立卷、归档、鉴定到销毁、保管、利用，档案管理部门应该从实际出发，严把档案案卷质量关。各项档案资料进出馆均要做好登记，以防出现丢失和损坏等情况。此外，档案管理部门还应加强档案信息网络建设，运用一系列现代化信息技术手段进行档案管理，不断提升档案管理质量。

（四）要按规定配置档案用房和档案设施

档案馆应按照《档案馆建设标准》和《档案馆建筑建设规范》设计建造。按规定配置档案用房和档案设施，防止档案实体遭遇毁损。档案馆（室）建筑为档案保护和利用服务提供最基本的物质条件，档案馆（室）建筑的好坏将直接影响到档案的保护条件和库房管理措施的效果，也将影响到对外服务的开展。加强库房管理，保障档案实体安全，落实档案库房"八防"措施[①]。档案管理部门应定期进行安全排查工作，并对馆内设备摆放，特别是电器摆放进行合理的规划布局，并规范布置设备路线。要定期检查电源线路、火警自动喷淋系统、电子防盗报警系统等，防止因线路老化或短路引发火灾。需要配备专门人员对馆内设备进行维护和检修，确保设备能够正常运转。库房内档案装具要合理布局、避光通风、整齐有序，且要遵循突出重点、兼顾一般的原则，以便发生突发情况时能及时有效地进行抢救，降低档案损失程度。

（五）实施档案登记备份，保障信息数据安全档案登记备份

实施档案登记备份，保障信息数据安全档案登记备份是以强化档案行政监管为导向，着力于提升档案部门服务大局、服务发展、服务现实的能力，通过档案登记备份，可以保障信息安全、保全档案证据、保存真实记忆。在开展档案登记备份工作中，应遵循统一规划、分级管理，突出重点、统筹推进，安全保密、有效服务等基本原则。档案登记备份可以在一定程度上保障档案信息数据安全，减少信息丢失情况的发生。随着档案记录电子化的出现，档案管理的工作效率得到了极大的提升，档案工作人员的工作负担大大减轻。但与此同时，档案信息数据安全逐渐凸显出来。此外，在档案管理中由于缺乏行之有效的馆外档案监管体系，档案管理部门常常面临着档案收回难问题。因此，档案管理部门应该采用档案登记备份的方式进行档案管理，深化档案安全体系建设，以有效保障档案信息数据安全。同时，档案馆还应加大馆外档案监管力度，尽可能地减少档案丢失现象的发生。

（六）提高网络安全意识

提高网络安全意识，防止由于技术原因或突发情况造成档案损失。随着档案管理信息化时代的到来，档案管理部门也迎来了新一轮的挑战。一方面，档案管理部门必须通过各种数字化和信息化手段进行网络建设，积极提高其档案管理的安全性，减少信息安全漏洞；另一方面,档案管理部门还必须设立相应的信息

[①] 防火：确保档案库房防火安全，配备消防设备和制定应急预案；防潮：通过控制温湿度、使用除湿机等设备防止档案受潮；防高温：控制库房温度，避免档案过热受损；防盗：安装安全设备和制定安全制度，防止档案被盗；防光：避免阳光直射，使用遮光窗帘等措施保护档案；防虫：采取防虫措施，如放置樟脑丸、定期杀虫等；防腐：保持库房环境清洁，避免有害气体侵蚀档案；⑧防尘：定期清洁，保持库房和档案表面清洁无尘。

防火墙，设置访问权限，并建立起一套完备的信息备份与恢复系统，防止黑客入侵档案信息管理系统。此外，档案馆还应采取多种有效措施，不断提升其档案工作人员的管理水平，保证档案信息安全，防止出现信息泄露的情况。在日常工作中，档案管理人员应该严格控制和规范自身的管理行为。首先，档案工作人员应养成良好的计算机操作习惯，定期查杀病毒。其次，在档案管理系统的使用过程中，要使用安全系数较高的用户口令和密码，谨防他人非法进入档案管理系统。档案管理员换岗或离职后，系统管理员必须及时更换口令与密码。再次，档案馆的计算机应做到专人专用，使用者必须维护好自己的计算机，防止出现信息丢失和损毁。未经允许，使用者不得擅自在计算机上下载软件和游戏。最后，计算机的使用要有度。使用者不得随意更改IP地址或其他系统设置参数，不浏览非法网页和点击陌生链接，同时每天还要做好数据备份。

（七）做好档案安全管理的其他预防措施坐实档案基础业务工作

提高案卷质量。封存原件，大力开发电子数据，或利用档案复制件代替原件进行利用，减少原件损害。加强日常管理和检查，及时发现受损和病变档案。积极开展电子档案异质备份，实行纸质档案与电子档案相对应的管理方式。现在是信息化的社会，对于档案资料的需求是非常必要的，做好档案的安全管理工作就变得尤为重要。目前，档案的安全管理还存在着档案本身保管不当和档案信息管理不当等一系列问题，所以要完善档案安全管理制度体系，提高档案管理人员的素质和能力，加强档案管理工作的保密性和提高档案库房的安全性，这些都是做好档案管理工作所必需的。

第四章　现代档案管理与服务模式创新

第一节　新开放观与档案管理创新

档案利用服务机制创新和新开放观的提出，是对现代信息社会公民权益意识和公共意识逐渐觉醒、呼唤政务信息公开的必然回应，也是激发档案工作在新时期焕发生机的关键所在。创新档案利用服务机制，要求档案机构和档案工作者必须转变观念，以更加开放的心态，为用户提供优质高效的档案利用服务。

一、新开放观与档案利用服务的全面创新

以开放的姿态满足社会需求是政府信息公开环境下档案工作的重要内容，也是档案职业获得社会认同、档案事业获得更大生存发展空间的重大举措。

（一）信息公开与新开放观

1. 政府信息公开

进入新时代，随着科技的迅猛发展和民主法治建设的不断深入，我国档案利用服务工作的宏观环境正经历着前所未有的变革。在这一背景下，政府信息公开作为推动国家治理体系和治理能力现代化的重要举措，正在以前所未有的速度向前推进。

近年来，我国政府对信息公开的重视程度不断提高，相关法律法规不断完善。《中华人民共和国政府信息公开条例》自2019年修订后正式实施，为政府信息公开提供了更为明确和具体的法律依据。各级政府及其职能部门积极履行信息公开义务，通过官方网站、政务新媒体等多种渠道，主动公开政府信息，保障人民群众的知情权、参与权、表达权和监督权。

北京、上海、杭州等城市在政府信息公开工作中走在了前列。北京市政府通过"首都之窗"网站，及时发布各类政府信息，包括政策文件、规划计划、统计数据等，同时开通了在线咨询服务，方便市民随时了解政府工作动态。上海市政府则通过"中国上海"门户网站，实现了政务服务的"一网通办"，提高了政府工作的透明度和效率。杭州市政府则以其"最多跑一次"改革为突破口，通过简化办事流程、优化政务服务，进一步推动了政府信息公开和政务服务的深度融合。

在档案利用服务方面，各级档案馆（室）也积极响应政府信息公开的号召，通过数字化、网络化等手段，向公众提供更加便捷、高效的档案查询服务。例如国家档案局通过其官方网站，提供了丰富的档案资源在线查询服务，包括历史档案、政策法规、专题展览等。同时，各级档案馆（室）还积极开展档案编研工作，将档案资源转化为社会财富，为经济社会发展提供有力支持。

总之，政府信息公开已经成为新时代我国政治文明建设的重要组成部分，是推动国家治理体系和治理能力现代化的重要手段。未来，随着技术的不断进步和法制建设的不断完善，政府信息公开将会迈上新台阶，为人民群众提供更加优质、高效的政务服务。

2. 文件与档案的开放范围

按照现行法律、法规和规章的规定，可以向公众开放即公开的文件和档案，应该包括三个部分：

第一，《中华人民共和国档案法》规定："国家档案馆保管的档案，一般应当自形成之日起满30年向社会开放。"

第二，《中华人民共和国档案法实施办法》规定："国家档案馆保管的经济、科学、技术、文化等类档案，可以随时向社会开放。"

第三，已公开和可公开的现行文件，应免费向公众开放。这是政府信息公开的要求。这里所谓的"现行文件"，除了一部分仍处于现行阶段外，还有相当大的一部分实际上是处于半现行阶段即属于现行机关档案的现行有效文件。

3. 文件与档案的新开放观

能够向公众开放即公开的文件和档案为上述三个范围的文件和档案，因此所谓"开放"，就可以理解为在确保国家秘密、商业秘密、个人隐私，正在讨论、研究尚未做出决定的政府信息和法律、法规、规章禁止公开的政府信息五类信息不予公开以外的其他文件和档案信息。在保证不得公开信息安全的前提下，把一切可以公开的文件和档案或这些文件和档案所包含的信息，无条件无差别地向一切合法组织和个人提供利用。因此，需要扬弃传统的文件与档案的开放方式，提倡文件与档案全新的开放观。

文件与档案新开放观的主要内容包括：

第一，无差别地面向所有合法组织和个人，特别是面向一切具有中华人民共和国公民身份、持有居民身份证等合法证明的普通人，而不仅仅是面向机关工作人员或专家学者。如果仅仅是有条件、有差别地向特定对象提供利用，那就只能说是有限制的利用服务，不能说成是开放。现在一些档案馆或位于机关大院内，或门禁森严，普通老百姓连进门都难，更谈不上真正利用档案，档案的开放只是一句空话。当然，就现实情况看，在档案开放工作中，我国实行国内外用户区别对待的规定，这在目前仍然是必要的。但从长远来看，应该准备在条件具备时逐步过渡到一视同仁。

第二，方便地利用已公开和可公开的文件。利用已开放和应开放的档案，是一切社会组织和公民都拥有的合法权利，是公民和组织知晓公共事务信息和与自己相关的公共信息的权利，它是公民拥有公共事务和公共信息知情权的重要部分。我国档案法明确规定：档案馆应当定期公布开放档案的目录，并为档案的利用创造条件，简化手续，提供方便。换言之，为公民和组织利用已开放与应开放档案创造条件、提供方便，是档案馆的法定义务。但是，目前，在一些档案馆，有些形成时间早就满了30年，依法早就应该向公众开放的档案，却由于种种原因长期没有开放，不能与普通老百姓见面。

第三，调整档案"封闭期"。我国档案法关于馆藏档案"一般应当自形成之日起满30年向社会开放"的现行规定，一般档案馆的做法是对档案实施30年的"封闭期"。现在，除了形成时间已满30年的馆藏档案外，很大一部分现行文件都已经或可以公开，还有很大一批经济、科学、技术、文化等类档案，都可以随时向社会开放。因此，应对档案的"封闭期"进行调整。有两种调整的思路：一是从总体上缩短多数档案的"封闭期"；二是对不同类型档案的"封闭期"要分别做出规定，不再使用"一般应当""满30年"这类容易导致一刀切的说法及做法。

第四，扩大承担档案开放任务的组织。承担档案开放任务的组织，当然主要是国家档案馆或公共档案馆。但是，在信息公开的社会环境中，在文件公开和档案开放的范围已大为拓展的今天，政府网站和内部档案机构等也应该承担一部分开放任务。

第五，确保文件与档案的安全。在开放范围进一步拓展、开放力度进一步加大的前提下，要更加重视确保文件与档案的实体安全与信息安全。从实体安全的角度讲，重要、珍贵或只有孤本的文件和档案要以提供复制件为主，这也是长远利用的需要。从信息安全的角度讲，一切利用和开放都不得损害国家安全与利益，不得损害有关公民和组织的合法权益。要在法制化的大前提下，正确处理利用、开放与保密的关系。

第六，及时调整有关档案和文件公开的现行政策和法律、法规。对于一些与文件公开和档案开放有关的现行政策和法律、法规、规章及规范性文件的规定，例如关于哪些档案应控制使用范围的规定，关于档案"公布权"的规定，关于档案资源开发主体的政策导向等，都应该遵循公共信息公开、政府信息公开的精神，慎重考虑，及时做必要的调整。

（二）现行公开文件的利用服务与现行文件公开体系

1. 现行公开文件利用服务工作的开展

自深圳市档案局（馆）成立文档资料服务中心以来，全国各地档案局（馆）相继开展了现行公开文件利用服务工作。已公开现行文件利用工作取得新的进展，呈现出良好的发展态势，先后出现了以下六种典型模式：

（1）深圳模式：由文件中心承担该项工作。

（2）昌平模式（北京市）：现行文件阅览室和原来档案馆的利用室合一。

（3）西城模式（北京市）：档案馆利用网络资源为没有上网条件的利用者免费提供现行文件检索和阅览服务。

（4）济南模式：建设区域性档案资料目录信息中心，把已公开现行文件利用纳入其中。

（5）丹东模式：以辽宁省丹东市和山东省烟台市为代表，丹东市将文档服务中心的现行文件阅览室融入到市政府"审批超市"——市公共行政服务中心向社会开放；烟台市则将"红头文件"放在该市行政审批中心服务大厅，供持有有效证件的市民免费查阅、摘抄。

（6）柳州模式：利用者既可在市档案文件信息服务中心查阅文件，也可点击服务中心设在酒店、商场和汽车总站的触摸屏。

2. 现行文件公开体系的构建

应该公开的政府信息，其主要存在形式多是现行文件或未到进馆年限的档案。目前，现行文件公开有两种主要服务方式：一是实体文件服务；二是网络信息服务。要更有效地把现行文件，特别是政府的"红头文件"提供给公众利用，要使政府公开文件的成果和效益实现最大化，就要进一步改进和完善现行公开文件利用服务工作，提高服务工作的质量和效率，因此就需要构建一个以政府网站和现行文件利用中心为核心平台，以内部档案机构、政务服务大厅、大众传媒等为外围的多渠道、网络化的现行文件公开体系，以满足公众对现行文件的利用需求。

（1）政府网站

政府作为信息资源的最大拥有者，通过政府网站公开现行文件，具有直接、迅速、覆盖面广的优势。政府网站不仅提供网上办公服务，更作为信息公开的重要渠道，便于公众查阅政策法规和各类政府信息。相较于实体文件服务，网上查询具有时效性强、节约成本、方便快捷等优点。随着计算机普及，网络查询更符合公众利用习惯。为充分发挥政府网站优势，须及时更新网页，提供公众关心的信息和实用指南，提升网站质量，切实为公众服务。

（2）现行文件利用中心

以档案馆为依托的现行文件利用中心是公开现行文件的重要渠道，尤其在农村地区更为重要。这一创新举措直接服务于公众，尤其是无上网条件的群体。建设该中心须获得党委、政府批准，并与各部门协作，收集、审查并确定公开的现行文件范围。同时，需加强需求调研，确保收集的内容系统完整，满足公众需求。此外，该中心的建设还应与档案馆整体形象和文化品位提升相结合，实现全面发展。这一举措有助于构建完整的现行文件公开体系，提高政务透明度，满足公众知情权。

（3）内部档案机构、政务服务大厅、大众传媒

内部档案机构：主要是指档案室。档案室，特别是各级党政机关的档案室，可以成为现行文件公开的又一渠道。

政务服务大厅：由政府各职能部门相关人员组成，集中在一个场所办公，将原来的行政审批事项由分散受理变为集中受理，实行"一站式"办公服务方式的一种新型服务场所。这种政务服务方式，优化了审批事项的流程，减少了审批环节，简化了审批手续，将过去要为一个证照奔跑多次的串联式审批，变为现在一站就能解决问题的并联式审批。政府服务大厅设置的办事指南处、资料室、公告栏，开设的文件利用服务窗口或触摸屏式服务终端等，为老百姓提供各级政府公开的政策法规、现行文件，把政务管理工作与现行公开文件的利用服务工作有机地结合起来。因此，政府服务大厅既是政府办公、实施政务管理与服务的地方，又是公开政务信息、公开现行文件的场所。

大众传媒：最大的特点是传递信息快、影响广泛，因此，利用大众传媒公开现行文件具有独特的优势。通过大众传媒，可以让公众更多地了解政府公开信息，可以及时向公众提供政策性、法规性、公益性文件及政府的其他红头文件，为公众参与社会生活提供可靠的依据。目前，公开现行文件的主要方式是传统的用各级各类国家机关政报、公报的形式，如用具有综合性的全国人大常委会公报、国务院公报、最高人民法院公报、最高人民检察院公报、地方政府公报等向公众公布政府信息。但这还远远不够，应该主动利用大众传媒，采取其他方式来公开现行文件，如：出版更多与公众利益密切相关的政策、法规手册等，放在有关部门的接待办事处，供公民自由免费索取；利用广播、电视节目，将现行文件内容放进案例，使现行文件更容易为公众所接受；还可以利用各级政府机关和一些公共服务型企业事业单位建立的新闻发言人制度，公开现行文件。

（三）内部档案机构"适度开放"论

内部档案机构是现行文件公开体系的一个重要组成部分。目前，内部档案机构所保存的档案中，有一部分档案是已经公开或可以公开的。事实上，这些档案对公众和形成单位之外的其他社会组织已经具有查考利用价值，并且，现有的相关法律、法规、规章或其他规范性文件也允许公众和其他社会组织使用。因此，内部档案机构也可以以"政府信息以公开为原则，不公开为例外"的原则，面向

社会提供有限制的利用服务，即政府信息向社会"适度开放"。

1."适度开放"的内涵

"适度开放"是指：

第一，坚持机关档案室等内部档案机构的性质和主要职责，即为本单位和本系统工作活动服务，主要为本单位领导、职能部门和员工服务。

第二，机关档案室适度向公众免费开放，以各种方式向公众和社会组织提供已公开与可公开的文件和档案，例如工商、税务、质量技术监督、城市房地产管理等部门的内部档案机构，可以利用本机关的网站，公布有关规范性文件，提供这些文件和相关档案的检索与利用服务；或在相关的政务服务大厅、服务场所开设文件与档案利用服务窗口或触摸屏式服务终端，把政务管理工作与相关文件和档案的利用服务工作有机地结合起来。

第三，企业的内部档案机构有条件地向公众和社会开放。可以在互利互惠和确保企业合法权益不受损害的前提下，有条件地向关联单位或客户提供本企业文件和档案的利用服务。

第四，高等学校档案馆、特大型企业集团档案馆适度向公众和社会开放。部分规模较大的国有企业、事业单位档案馆，已经成为法定的或事实上的终级性档案馆，这类档案馆既是所在单位的内部机构，又有义务承担公共档案馆的某些职能，它们的馆藏中符合开放条件的档案，也应该向公众开放，如高等学校档案馆。如果它们始终不向公众打开大门，那么，记录我国高等教育发展历程的档案史料就不能与普通老百姓见面。

第五，政府信息公开工作中对五类不予公开信息的限制性规定，同样适用于内部档案机构。因此，内部档案机构在面向社会提供有限制的利用服务时，必须确保国家秘密、商业秘密和个人隐私的安全，维护国家、社会和相关组织与个人的合法权益，保证内部档案机构所在单位的正常工作秩序。

2. 内部档案机构"适度开放"的必要性

内部档案机构"适度开放"的必要性可以从两个方面来看：一是从内部档案机构在现行文件公开体系中的地位分析它的必要性；二是从内部机构所保存的档案内容分析其必要性。

（1）内部档案机构在现行文件公开体系中的地位与"适度开放"的必要性

在现行文件公开体系中，虽然现行文件中心和档案馆是主要的公开机构，但它们的局限性不可忽视。内部档案机构作为文件形成、管理的核心环节，其"适度开放"对于完善公开体系具有重要意义。

首先，现行文件利用中心在公开工作中存在一定局限性。这一中心虽由档案局（馆）主动创办，旨在弥补现行文件开放主体的缺失，但由于法律依据不足、文件所有权归属等问题，导致文件收集的完整性和系统性难以保证。同时，现行文件利用中心的服务对象往往局限于社会公众的普遍需求，对于特殊需求难以满足。此外，由于档案馆的职责并不包括现行文件的收集和开放利用工作，其作为政务信息公开的主渠道或唯一渠道存在越俎代庖之嫌。

其次，档案馆在开放档案方面也存在局限。一方面，档案馆开放的档案信息在时间上相对老化、滞后，难以满足利用者现实工作查考利用的需求；另一方面，在档案室集中管理阶段，档案形成机关以外的档案利用者面临利用困境，即无法直接利用机关档案室的档案。此外，省级档案馆只接收永久保存的档案进馆，导致长期和短期保存的档案在机关档案室保存时间过长，形成公众利用的空白。

鉴于上述局限性，内部档案机构的"适度开放"显得尤为重要。内部档案机构作为文件形成、管理的核心环节，拥有大量的现行文件和档案资源。通过"适度开放"，可以弥补现行文件中心和档案馆在公开工作中的不足，满足利用者更加全面、具体、系统的需求。同时，内部档案机构的"适度开放"也是文件生命周期理论的要求，确保文件从形成到最终进馆都能得到全面有效的控制。

（2）内部档案机构"适度开放"的实践意义与实现途径

内部档案机构"适度开放"的实践意义在于填补现行文件中心和档案馆在公开文件与档案方面的空白，满足利用者更加全面、具体、系统的需求。同时，这也是文件生命周期理论的要求，确保文件在运动过程中得到有效利用。

为实现内部档案机构的"适度开放"，需要采取以下措施：

第一，加强法律法规建设。完善政务信息公开和档案利用方面的法律法规，为内部档案机构的"适度开放"提供充分的法律依据。

第二，明确内部档案机构的职责。在相关法律法规中明确内部档案机构在政务信息公开和档案利用方面的职责与权限，使其能够合法、有效地开展"适度开放"工作。

第三，建立完善的收集、审查、公开机制。内部档案机构应建立完善的文件收集、审查、公开机制，确保公开的文件和档案内容准确、完整、系统。同时，加强对公开文件和档案的保密审查工作，确保不泄露国家秘密、商业秘密和个人隐私。

第四，加强需求调研和公开重点确定。内部档案机构应加强对社会公众需求的调研和分析工作，确定公开的重点和范围。同时，加强与利用者的沟通和互动工作，及时了解他们的需求和反馈意见。

第五，提升服务质量和管理水平。内部档案机构应提升服务质量和管理水平，为利用者提供更加便捷、高效、优质的服务。同时，加强内部管理和制度建设工作，确保"适度开放"工作的规范化和制度化。

总之，内部档案机构的"适度开放"是完善现行文件公开体系的重要举措之一。通过加强法律法规建设、明确职责、建立完善的机制、加强需求调研和提升服务质量等措施的实施，可以确保内部档案机构在"适度开放"工作中发挥更大的作用，满足利用者更加全面、具体、系统的需求。同时，这也是文件生命周期理论的要求，确保文件在运动过程中得到有效利用，促进政务信息公开和档案事业的健康发展。

（四）档案公布问题再思考

对于已公开文件和已开放档案是否可以视为已经公布，在这个问题上，存在两种不同的解释或理解。

1. 视开放、公开为"已公布"

法学家刘春田教授认为："从法律上看，'开放'和'公布'没有本质的区别。'开放'和'公布'实质上都是将档案置于使公众可以接触和获悉其内容的状态。只要档案处于这样的状态下，任何人都有权通过正常的手段和途径传播它们，档案管理部门公布档案只是传播方式之一，档案部门不宜禁止他人对那些已经向社会'开放'，却未以档案部门名义传播的档案进行同样正当的传播。档案是公共资源，不是档案管理部门的财产，一旦'开放'，只要不涉及国家和其他社会团体及个人的利益，任何人都可以加以正当利用。"有关政府信息公开的法规和规章也有相关规定。例如《中华人民共和国档案法实施办法》第二十三条规定"通过下列形式首次向社会公开档案的全部或者部分原文，或者档案记载的特定内容：通过报纸、刊物、图书、声像、电子等出版物发表；通过电台、电视台播放；通过公众计算机信息网络传播；在公开场合宣读、播放；出版发行档案史料、资料的全文或者摘录汇编；公开出售、散发或者张贴档案复制件；展览、公开陈列档案或者其复制件。"《成都市政府信息公开规定》指出："公开政府信息的形式包括：公开发行的政府信息专刊或其他报纸、杂志；政府网站；广播、电视等公众媒体；新闻发布会及其他便于公众知晓的形式。"从以上两个例子可以看出，"公开"与"公布"的形式其实是大体相同的，尤其是在数字化和网络化的时代，老百姓通过公众信息网检索和利用已开放档案已成为数字档案馆发展的重要方向。

2. 否定"已公布"

否定"已公布"是指开放档案不是开放公布权。任何个人和组织都有权利用已开放的档案，却无权公布档案。换言之，对于已开放档案，"利用者只有利用权而无公布权"。支持这种区分的依据是《各级国家档案馆开放档案办法》第十一条："利用者摘抄、复制的档案，如不违反国家有关规定，可以在研究著述中引用，但不得擅自以任何形式公布。"事实上这条规定是没有办法执行的，在研究著述中引用了，就必然会在社会上以某种形式传播即公布。诚如陈智为教授所说："引用与公布有无区别，这是档案法规没有明确界定的，具体执行起来困难很大。"事实上，根本就没有办法明确界定。按照《档案法实施办法》第二十三条的规定，首次向社会公开档案的全部或者部分原文，或者档案记载的特定内容，包括通过公众计算机信息网络传播，在公开场合宣读、播放等，都属于公布档案的行为。因此可以说，开放档案同时也就开放了公布权。

综上所述，已公开文件和已开放档案都应该视为已经公布，不应再限制利用者对档案的公布权。以维护国家安全和利益，有利于社会的稳定与发展，不损害相关组织和公众的合法权益，即以不违宪、不违法为统一标准和前提，实行公开、开放、公布"三合一"。

二、传统档案馆的转型与公共档案馆、数字档案馆的建设

当前社会对档案利用的需求，促进了档案利用服务机制的全面创新，这必然

带来传统档案馆由封闭型向开放型转变，由功能单一向多功能型转变。

（一）开放型、多功能公共档案馆的崛起

当前，我国已建成了一批开放型、多功能公共档案馆，揭开了我国档案馆发展史上新的一页。例如上海市档案馆外滩新馆和广东省档案馆新馆，就是具有公共档案馆特色的新型城市档案馆。这些档案馆都具备了开放型、多功能的特点。

1. 档案馆功能的多元化

传统档案馆的功能是"两个基地"和"一个中心"。"两个基地"即是档案保管基地和爱国主义教育基地，"一个中心"即是档案利用中心。现在档案馆的功能还应加上"一个中心"，即是现行文件利用服务中心，这"两个基地"和"两个中心"就是毛福民所说的"四位一体"。档案的保管利用和现行文件的保管利用，极有可能成为未来公共档案馆工作的两个重点，两个并重的侧面，推动档案馆前行的两只轮子。换言之，提供现行文件公开服务，将成为我国公共档案馆建设的一大特色。在"四位一体"的基础上，公共档案馆的功能还可以再扩展。例如现行文件利用中心可以发展为完全意义上的多功能文件中心，档案馆可以提供更多的咨询、代理、代管服务。

2. 建设开放型档案馆

现代档案馆的社会性、文化性、开放性、服务性和标志性特征更加突出。就目前情况看，最能体现这些特征的亮点有两个：一是精彩纷呈的档案展览，如上海市档案馆推出的《城市的记忆——上海近现代历史发展档案陈列》《百姓档案话发展》，广东省档案馆推出的《广东名人档案展》《馆藏档案珍品展》《开放之路——广东对外交往历史图片展》，威海市档案局随市政府经贸旅游代表团在英国举办的《百年威海》档案图片展等；二是现行公开文件利用服务工作的开展，例如新闻媒体对上海市档案馆新馆所进行的50多次采访、报道中，关注的焦点就在这方面。

（二）数字档案馆发展与展望

数字档案馆是档案馆在网络、信息时代的最终形态。它是建立在现代信息

技术广泛应用的基础上，利用数字化手段，以综合档案信息资源为处理核心，对数字档案信息资源进行管理，通过高速宽带通信网络设施相连接和提供利用，实现资源共享的超大规模、分布式数字信息系统。与传统模式的档案馆相比，数字档案馆具有明显的运行特征，即以网络为平台，以数字信息为内容，以高效服务为目的。它不仅包括了档案资源的数字化、档案业务的程序化、档案管理的标准化，还包括了档案服务的网络化。

数字档案馆是一个高度整合的概念，它应该包括档案信息输入、处理和输出三部分的数字化。数字档案馆工程与相关项目之间的关系是学习、合作和帮助的关系，而绝不是完全脱离于社会和法律环境之外的纯粹的技术体系。数字档案馆收集、管理和提供利用的内容不再是传统意义上的介质档案，而是数字化档案信息，它的建设与运行将能够实现档案管理与办公自动化的有效对接，提高档案信息化处理效率和管理水平，为社会各界和广大市民查档带来极大便利，它代表着21世纪档案工作的发展方向。

从全国档案事业的全局角度来看，数字档案馆是一个跨地域、跨档案馆，能够通过同一个门户网站提供档案资源的共享，实现档案管理工作的分布式运行。从各个档案馆的信息化建设角度而言，只有每个档案馆逐步实现了数字化，才能进一步开展地区级、行业级、省市级等更大范围内的数字化。因此，对于单个档案馆而言，要建设数字档案馆，需要在档案工作"收、管、用"的全过程中实现网络化、数字化。档案信息化各分系统、子系统的建设就是建设数字档案馆的一个个子过程。而对于更广范围的数字档案馆建设而言，主要是基于档案信息资源的共享来实现，它突破了馆与馆之间的物理界限，将分散在不同物理位置、不同载体上的档案信息联结起来，向用户提供方便快捷的在线信息服务。

在我国，数字档案馆的建设工作已经在部分省市得到开展。如深圳市档案馆、青岛市档案馆、天津开发区档案馆、上海市档案馆、北京市档案馆，它在数字档案馆建设方面都走在了全国的前列。其中，深圳市档案馆在馆藏数字化方面已经取得了很好的成绩，并将面向社会各部门和公众，提供档案信息服务和提供利用现行文件的查档服务；青岛市档案馆提出建设数字档案馆的设想以来，几年后搭建起包括网络传输平台、信息采集平台、存储管理平台、操作应用平台等多种软硬件设备体系。这些数字档案馆项目的开展，都大大促进了我国数字档案馆理论和技术的研究、应用与发展。尽管如此，目前"数字档案馆"的建设在我国还有很多空白领域，这是一个值得探讨的新课题。它和数字图书馆的区别与联系、主要功能、关键技术、实现方式等都是值得我们关注和研究的内容。进一步研究和探讨数字档案馆的建设工作，是档案事业发展的需要，也是档案学科发展的需要，在国家信息化建设进程中，绝不能缺失文件与档案这一块核心资源。档案学界要摒弃抱残守缺的心态，与时俱进，勇于研究新问题，挑战新课题。历史的经验告诉我们，每一次探索性的研究和尝试性的工作总能给未来提供一种参考；在每一次勇敢的探索之后，我们距离成功和目标又前进了一步。数字档案馆是一个新生事物，它是网络、信息时代的产物，它的实现将使档案事业迈向一个崭新的领域。

因此，建设数字档案馆，是信息化和信息公开背景下21世纪档案馆发展的大趋势。具体实现思路可以考虑：现行文件利用中心及其所依托的档案馆，可以先实施馆藏档案的数字化，先建立文件与档案信息检索中心，以此为起点，最终发展为数字档案馆。

公共档案馆的建设也与数字档案馆密不可分，未来的档案馆应该是数字化的公共档案馆。

三、档案管理创新思路

（一）档案学理论研究

档案学是档案管理的遵循依据，对档案学的理论研究，突破传统的理论框架，寻求现代社会的档案学理论基础，为档案管理提供最为全面、科学的理论支撑。一方面，国家应对档案学做好统筹的理论研究，理论研究重点向以解决档案实际管理工作的问题倾斜，并研究档案管理中全局和细节的关系，突出微小信息资源对整合资源的作用；另一方面，社会转型期也要求档案管理升级转型，改变传统的档案管理模式，建立一套与现代社会相适应的档案管理理论，指导档案管理工作。同时，档案管理理论研究重点由人工管理向智能管理转变，突出知识对档案管理的重要性。

（二）转变档案管理思想

想要档案管理创新，就需要转变档案管理思想，从意识层面重视对档案管理的创新工作，提高对档案管理的重视程度。第一，打破传统陈旧的档案管理旧观念。第二，明确档案管理是个智能的信息资源管理过程，是个动态的信息资源管理，从归档开始，涉及的档案人员等环节都需要智能化。第三，档案管理工作是一个企业、一个部门的重要工作，领导层应将档案管理工作上升为机构运转的重要战略工作，突出档案管理中信息资源的利用和共享作用，同时，鼓励档案管理工作人员创新管理思路，把档案管理工作融入企业部门的运营背景中。

（三）创新档案管理体制

档案管理制度是档案管理的约束和指导。创新档案管理体制，可以从以下三个方面着手：其一，明确规定档案管理的目标和原则，但管理制度的内容要简洁明了，可操作性强，改变过去冗长、复杂的制度内容；其二，管理制度突出高效性，管理重点放在重要档案信息资源的整合上，对管理工作的各个环节有明确的制度约定，档案管理人员的职责明确，避免出现一人多岗的现象；其三，档案管理要人性化，建立完善的档案管理人员的奖惩考核制度，提高档案管理人员的积极性，培养人员档案管理的责任意识。

（四）规范档案管理工作

档案管理实际工作中，需要遵循一套标准的、规范的工作流程。规范档案的管理工作需要规范管理工作各个环节，确保档案管理工作的阶段性和系统性相吻合。首先，档案资料的编写需要充分优化，前期的整合和收集工作需要在机构运行基础上，对涉及的重要信息进行分类整理，档案信息之间的联结也要突出层次性。同时，制定工作细则，档案提档和查阅需要规范登记流程，借阅需要按照要求的证件和证明才能执行，保证档案的安全性。其次，档案的立案和归档工作设置统一的标准，不仅仅是为了档案立案的美观性，也是为了后期查看翻阅的方便、快速。

（五）建立电子文档中心

信息时代讲究信息的数字存储、自动获取功能，数字化和自动化是档案管理的必然发展趋势，为了实现档案管理的智能化，只有借助现代技术、计算技术才能推动档案管理现代化进程。首先，信息的载体、传输、存储可以应用计算机技术并在计算机系统平台实现，减少人工抄写、归档的工作量。例如可以建立电子文档中心，在平台内设置用户权限，拥有权限才能登录平台使用档案信息资源。在该平台上，可以实现信息资源有效传输和资源共享，既能发挥信息集成的中心效应，又能达到信息公开的目的，在一定程度上简化了档案信息获取的流程。其次，加大对档案管理的机械设备投入，不仅仅是软件系统的引入，硬件设备也要与软件相配套。

（六）创新档案管理模式

首先，建立起数字化档案管理模式。就现阶段看来，身份认证技术、数据库技术、数字加密技术及扫描技术是比较具有代表性的数字化技术。在档案管理中应用数字化技术则能够将文章信息资料转变为数字化档案信息，从而及时补充、更新以及整合信息资料，达到提高档案管理效率与质量的目的。

其次，建立起自动化档案管理模式。自动化档案管理模式的建设是创新档案管理的重要内容之一，当前电子标签、数码扫描识别及OCR识别是较为典型的自动化技术。建立起自动化档案管理则能够实现档案信息的自动采集、筛选、检索以及提取关键词等，并且还能自动处理以及批量处理档案信息资料。

再次，建立起体系化档案管理模式。体系化主要包括了档案管理内部流程一体化、部门衔接一体化以及档案文档一体化等。主要是利用数据融合技术、数据库技术及数据集成技术来提高档案信息数据的兼容性与通用性。

最后，应当建立起互动化的档案管理模式。在以往的档案管理中，往往每个档案信息只对应一份信息，互动较为缺乏，而通过建立起互动化的档案管理模式则能够有效优化档案管理的系统工作并且有利于服务质量的提高。

（七）提高档案管理人员素质

档案管理人员是档案管理的执行者，档案管理人员的专业素质关系着档案管理的有效性，提高档案管理人员的素质迫在眉睫。首先，鼓励档案管理人员解放思想、大胆创新，勇于打破传统的管理模式，转变思想观念，培养他们的管理意识。同时，扩宽档案管理人员层次性。过去的档案管理人力资源配置并不合理，聘用的是较为年长、知识结构较窄的人员作为管理员。因此需要突出管理员的专业化，随着高校的档案学构建，学科的专业性逐渐凸显，档案管理人才应逐渐走进档案管理岗位中。

第二节　档案管理服务模式的改革思考

科学技术的不断发展推动了我国信息化的进程。信息技术是当前社会中的新兴领域，信息技术的研发和应用改变了传统的生活模式与工作模式，推动了时代的发展。档案管理是企业重要工作的一部分，在企业中创新档案管理方式，优化档案管理工作流程，能促进企业有序发展。因此，企业应积极创新企业档案管理方式，并结合社会发展需求，将信息技术运用在档案管理中，满足社会发展需求，营造信息化办公氛围，推动档案管理工作创新发展。[①]

一、信息化时代档案管理服务现状

（一）工作理念僵化固定

档案管理服务工作以纸质媒介和常规管理手段为主，缺少先进档案管理服务模式，还采取传统工作理念开展管理服务，不利于档案管理服务水平的提升。管理人员还缺少管理服务创新意识，虽然实现了档案管理工作的信息化建设，但是建设重点仍然放在网络硬件升级方面，对于大数据技术等技术应用力度不够，导致档案管理人员无法为用户提供精准化的档案服务。

（二）服务水平参差不齐

档案管理服务人员工作理念较为落后，工作中缺少良好的服务意识，只是将档案收集和分类工作作为重点，无法有针对性地为用户提供服务。档案管理服务人员未树立新型的服务理念，对于档案服务没有形成正确的认知，很多档案管理服务人员在为用户提供服务的过程中，难以满足用户的需求，导致用户在档案使用过程中所产生的服务体验感较差，不仅影响了档案管理服务工作水平的提升，还降低了档案资源的使用效率。[②]

---

① 李桃. 信息化时代下档案管理服务创新模式探究 [J]. 黑龙江档案，2021（5）：132-133.

② 李亚伟. 乡村振兴战略背景下主题出版的新探索——以"中国乡存丛书"为例 [J]. 出版广角，2022（09）：67-70.

（三）服务模式不够标准

档案管理服务模式缺少统一的标准和规范，管理人员在为用户提供服务或开展档案管理工作中存在较强的随意性，并没有严格遵守管理服务制度开展服务，导致服务水平处于偏低的状态。档案管理服务过程中需要的资金较多，但是很多档案馆未能合理分配现有资金，导致资金浪费情况较为严重，难以为用户提供高质量的档案管理服务。档案管理服务人员不仅需要对档案进行分类、整理，还应能够为用户提供高质量的服务，使档案应用效率获得提升，真正发挥出档案资源的价值。

（四）信息化程度较低

档案管理服务工作中对于信息技术应用较少，计算机等电子设备更新不及时，无法为用户提供精准的档案信息服务。档案管理服务中还采取传统的人力档案管理服务模式，查找和整理档案资料所需要的时间较长，不仅会增加档案管理工作中经济成本的投入，还会影响档案管理服务水平的提升。

（五）资源利用效率较低

档案管理服务工作不仅需要做好档案保存、整理、分类等工作，还要能够充分挖掘档案资源的价值，最大限度地发挥档案资源的利用效率。但是在实际档案管理服务工作当中，管理人员对于档案资源使用效率重视程度不够，导致档案资源利用效率较低，无法充分发挥出档案资源的重要作用和价值。

二、信息化时代积极开展档案管理服务创新模式的必要性

在社会不断发展中提升了对历史与人文素养的重视，而档案管理中包含了多种传统历史素材，其中有历史、人文素养、民俗习惯等，档案管理是时代发展储存数据资料的重要途径，对我国文化的传承与发展有极大的益处。同时，在图书馆档案管理中蕴藏了丰富的图书馆信息，这些资料是宝贵的原始素材，具有十分珍贵的收藏价值。图书馆中涵盖了丰富的知识文化，是培养人才及传承文化科学的主要场所，因此，图书馆应重视创新，在图书馆构建信息化办公模式，创新检索功能，科学获取专题资源，优化档案管理服务体系，有利于社会创新发展。随

着社会的持续演进，图书馆档案管理工作的范畴日益扩充，伴随着科学技术的不断创新，图书馆的档案管理事务及内容也持续扩展，其服务模式也随之呈现出多元化的发展。因此，对图书馆中的档案管理服务模式革新十分必要，不仅可以充分发挥图书馆档案管理的价值，同时还能起到引导教育的作用。以科学技术为切入点对档案管理服务进行创新与改革，引导来到图书馆内的每一位读者形成科学教育发展观念，推动档案管理服务创新发展，为我国文化传承贡献一份力量。

三、信息化时代创新档案管理服务模式的策略

（一）加强标准建设，落实科学发展

在当今日益复杂和数字化的商业环境中，优化档案管理流程与业务标准显得尤为重要。为实现这一目标，我们需要从多个维度出发，全面提升档案管理的效率和质量。

首先，我们必须重构企业档案管理业务流程，以更好地适应信息化时代的发展需求。这包括积极拓展档案管理的服务内容和功能范围，以提高服务水平和质量。同时，整合档案管理的信息资源及软硬件建设，加快构建档案管理信息化平台，使档案管理更加便捷、高效。

在加强标准建设方面，我们需要结合社会发展需求和档案管理工作现状进行深入分析，制订长远计划，并着眼于当前实际情况。通过加强数字化和电子档案管理工作，为档案管理服务的创新发展提供坚实基础。此外，制定明确的档案管理目标，提升档案管理人员的专业素养和能力，使他们能够熟练运用信息技术进行档案管理工作，促进档案管理科学化发展。

为了确保档案管理工作的有序进行，我们还需要制定档案管理制度，细化各个工作流程的要求，并加强多部门之间的协调配合。特别是在运用电子档案管理时，我们应充分发挥其储存便利、不易受环境及人为破坏的优势，解决传统纸质档案管理中的问题。同时，在电子档案归档工作中，我们要科学合理地分类，按照次序进行归档，确保档案管理工作井然有序。

综上所述，优化档案管理流程与业务标准是一个系统性的工程，需要我们从多个方面入手，加强标准建设，提升服务质量，整合信息资源，加强部门协作，

以及充分发挥电子档案的优势。只有这样，我们才能在新时期实现档案管理的现代化、专业化，为企业持续发展提供有力支持。

（二）加强信息化建设，培养综合型人才

电子档案信息化管理与传统纸质档案管理模式截然不同，对档案管理人员的能力和素质提出了更高的要求。

为了有效实施信息化档案管理，我们首先需要提升档案管理人员的服务意识。传统的档案管理观念已经不能满足现代社会的需求，工作人员应更加积极主动地投入到档案管理工作中，以提升服务质量，确保企业各项工作的有序开展。同时，我们必须加强对档案管理人才培养的重视。这要求档案管理者不仅要更新管理观念，强化服务意识，还要结合社会发展创新档案管理服务模式，使档案管理工作焕发新的生机与活力。

在信息化时代，计算机网络技术的应用已成为档案管理工作的基础。因此，我们必须重视培养计算机网络人才，确保他们具备运用信息技术的能力，掌握先进的专业知识。这些人才应熟悉局域网、互联网的结构与原理，能够熟练地进行网络工程设计与建设，有效解决网络管理中的安全问题。他们还应具备专业的局域网设计、安装、维护等能力，以确保在网络出现故障时能够迅速进行故障分析与排查，保障档案管理工作的顺利进行。

面对档案管理人才短缺的现状，我们应积极培养综合型档案管理人才，组建高素质的人才队伍。我们要尊重人才、爱惜人才，肯定他们对工作的贡献，并鼓励他们进行创新发展。同时，我们还需提高档案管理人员的工作积极性，通过设立激励机制来激发他们的工作热情，提升他们的服务意识。在人才资源整合方面，我们应结合员工的优势及岗位需求，对人才进行合理调整，确保人尽其用，避免人才资源浪费。

我们还应不断完善档案管理制度，根据社会发展及企业需求购买和配置先进的信息技术与设备。通过引进信息化办公人才，提升企业信息化办公能力，为构建信息化档案管理模式奠定坚实的基础。

加强档案馆信息化建设、培养信息化人才是推动档案管理现代化、提升服务质量的重要措施。我们应不断提升档案管理人员的综合素质和能力水平，确保档案管理工作的高效、有序开展。

（三）加强安全建设，保证档案管理持续发展

在社会不断发展中信息技术逐步被运用到多个行业与领域，改变了传统生活模式与方式，为社会发展作出了巨大的贡献，但是在信息化技术不断发展的同时，应用信息安全成为当前社会发展密切关注的问题。[①]基于此，档案管理信息安全问题的解决方式可以从以下方面进行：①应在档案管理工作中提升安全保管意识，并制定安全保管制度，为档案管理工作塑造安全的保管环境；②构建电子档案管理工作模式，并在电子档案管理中设置密码，设定权限，指定专人进行档案管理，保证档案信息内容的安全性；③在档案管理中建立档案开放审核制度，在档案开放使用中为了确保档案内容的安全性应设置审核制度，对开放使用的档案进行审核，并在系统内设置开放式目录，通过以上方式保证档案管理信息安全，促进档案管理持续发展。

（四）更新观念，加强档案管理信息化建设

在信息时代不断发展中，信息技术被广泛应用于多个行业与领域中，改变了人们的生活与工作，在此环境中档案管理工作信息化建设势在必行。构建信息化档案管理工作模式能够实现信息化检索与查找，能够优化档案管理服务质量，丰富档案管理工作内容，具有多种优势。可以形成巨大的档案管理数据库，优化档案信息处理功能，推动档案管理工作信息化进程。信息化档案馆是信息内容管理系统、集成系统，具有数字化长期保管数据功能，能够对电子档案及不同结构的电子数据信息进行信息化管理，能够起到数据中心的作用[②]。在信息化档案管理中，改变了传统纸质保管方式，为档案管理工作的创新发展明确了新的方向，这样的档案管理形式与传统档案管理是两个完全不同的概念。因此，要想信息化档案管理工作能够信息化发展，应根据社会发展需求革新档案管理工作理念，将信息技术运用在档案管理中，提升档案管理人员的信息化办公能力，可以在档案管理中熟练运用信息技术进行电子储存、传输、归档与保管，简化传统档案工作流程，创新档案管理工作形式，突破各个部门之间的限制，将优化档案信息资源与工作流程作为重点，以构建信息化档案管理环境为最终目的，加强档案管理工作

---

① 计慧娟.信息化时代纪检档案管理模式创新研究[J].档案管理，2020（6）：88–89.

② 陈慧琳.信息化时代人事档案管理模式创新路径研究[J].现代国企研究，2019（12）：462.

信息化建设与应用，促进各个流程的有效推进，提升档案管理中信息的真实性、有效性和完整性，将用户需求作为档案工作的目标，优化服务模式，提升工作水平，促进企业与时俱进。

（五）加强档案管理信息化建设，丰富馆藏

在企业中运用信息技术进行档案管理应丰富馆藏，将档案管理中的资源运用信息技术进行馆藏，丰富与拓展档案信息，促进档案管理信息化发展，在档案管理中实现信息化查询、检索、归类、整理、收藏，运用信息技术优化档案管理资源与配置，充分应用信息技术开展档案管理工作，发挥档案管理信息化工作优势，优化档案管理中的公共服务功能，为构建信息化档案管理体系做好准备工作。另外，应提升对档案管理中备份工作的重视程度。在信息化档案管理中，对信息内容进行备份能够保证信息内容的安全性，因此档案管理人员应做好备份工作，并对档案管理中重要的文件设置异地备份及异质备份，运用这样的方式保证档案信息资源的安全性。在信息化档案管理工作中馆藏，主要是对信息不断拓展与更新，对档案进行馆藏，应保证馆藏时间长且及时，因此档案管理人员应及时更新，并不断扩充档案中的信息内容，同时在进行馆藏中应保证信息内容的质量，发挥档案管理工作应用的效应。

第三节　档案管理社会化服务体系的构建

档案管理是企事业单位的基础工作之一，肩负着社会责任和社会价值，其专业性强，涉及面广，是企事业单位生产生活的真实记录者，更是我国市场经济建设的信息提供者。我国档案管理社会化服务起步较晚，档案信息资源还未得到充分利用，人们对于档案管理社会化服务的认识还停留在初级阶段，没有深入了解到档案管理社会化服务的重要意义。无论是各级档案馆，还是企事业单位档案资源，都具有社会化服务职能。档案馆能够为大众提供档案的借阅、查询等服务，企事业单位依据管理方向的不同将档案管理社会化服务方面划分得更为细致，不仅对单位内部展开档案服务，而且对单位外部也具备社会化服务条件。

档案社会化服务是以劳动形式而不是以实物形式向服务对象提供某种使用

价值的过程，从这一角度看，档案社会化服务属于服务的一种，是服务的下位概念，因为其实质就是专业机构凭借其占有的资源优势，向社会各方面提供服务，满足客户特定需求的一种活动。

一、档案社会化服务的多维取向探究

随着信息技术的迅猛发展和社会的不断进步，档案社会化服务逐渐成为档案管理领域的重要组成部分。档案社会化服务不仅是档案事业发展的必然趋势，也是满足社会公众对档案信息需求的重要途径。下面将从档案社会化服务的专业取向、社会取向、科学取向和发展取向四个方面进行阐述，以期为档案社会化服务的进一步发展提供参考。

（一）档案社会化服务的专业取向

档案社会化服务的专业取向主要体现在其服务过程中展现出的专业性和专业特征。首先，档案社会化服务必须遵循档案管理的专业原则，如来源原则、文件生命周期理论等，确保档案信息的真实性、完整性和可靠性。其次，档案社会化服务应具备高度的安全保密性，这是基于档案作为人类活动原始历史纪录的本质属性所决定的。档案中蕴含着大量机密信息，保障档案的安全与保密是提供可靠服务的首要条件。此外，档案社会化服务还应追求高效优质，通过集约化管理和高素质人才的配置，提高服务效率和服务质量，满足用户的专业需求。

（二）档案社会化服务的社会取向

档案社会化服务的社会取向主要体现在其服务目标和服务对象上。档案社会化服务的目标是为社会各方面提供服务，满足社会公众对档案信息的需求。这要求档案社会化服务机构要深入了解社会需求，积极拓宽服务领域，提高服务覆盖面。同时，档案社会化服务还应关注弱势群体的需求，通过提供公益性的档案服务，促进社会公平和正义。

在服务对象上，档案社会化服务不仅要服务于政府机构、企事业单位等传统用户，还要积极拓展服务领域，服务于广大社会公众。通过提供便捷的档案查询、复制、咨询等服务，让更多的人能够了解历史，认识社会，提高自身素质。

（三）档案社会化服务的科学取向

档案社会化服务的科学取向主要体现在其服务手段和服务方法上。随着信息技术的不断发展，档案社会化服务机构应充分利用现代信息技术手段，提高档案信息的数字化、网络化水平。通过建设数字档案馆、推广电子档案等方式，让档案信息更加便捷地为社会公众所获取和利用。同时，档案社会化服务机构还应加强和其他领域的合作与交流，借鉴其他领域的先进经验和技术手段，提高档案社会化服务的科学化水平。

在服务方法上，档案社会化服务机构应注重创新和实践。通过引入先进的服务理念和管理模式，提高服务效率和服务质量，同时，还应加强服务过程中的监督和评估工作，及时发现和解决服务中存在的问题与不足。

（四）档案社会化服务的发展趋向

档案社会化服务的发展取向主要体现在其服务模式和服务内容上。随着社会的不断进步和公众需求的不断变化，档案社会化服务机构应不断创新服务模式和服务内容，以适应社会发展的新需求。

在服务模式上，档案社会化服务机构应积极探索多元化服务模式。通过提供个性化、定制化的档案服务满足用户的不同需求，通过加强与其他领域的合作与交流实现资源共享和优势互补，通过引入市场竞争机制提高服务质量和效率等。

在服务内容上，档案社会化服务机构应注重拓展服务领域和深化服务内涵。通过加强档案信息的挖掘和利用工作提高档案信息的价值，通过加强档案知识的普及和教育工作提高社会公众的档案意识和档案素养，通过加强档案文化的传承和弘扬工作促进档案文化的繁荣和发展等。

综上所述，档案社会化服务的专业取向、社会取向、科学取向和发展取向是相互联系、相互促进的。档案社会化服务机构应在遵循专业原则的基础上积极探索新的服务模式和服务内容，在满足社会公众需求的同时注重提高服务效率和服务质量，在利用现代信息技术手段的同时加强和其他领域的合作与交流，在推动档案事业发展的同时促进社会公平和正义的实现。只有这样，档案社会化服务才能不断取得新的进展和成果，为社会的繁荣和发展做出更大的贡献。

二、档案管理社会化服务的基础

（一）完善档案收集

传统档案管理模式十分僵化，档案管理人员只能坐在办公室里等待各科室定期将档案资料报送到档案室，然后再开始整理和归档。这种管理模式完全无法体现出档案资料的即时性和快捷性，档案资料收集总是处于滞后状态，经常是上半年的经营活动档案，下半年才会体现在档案信息资源分析中，档案资源服务内容也就呈现了整体拖延性。因此，档案管理开展社会化服务的基础之一就是要完善档案收集工作，变被动为主动，从社会化服务理念方面入手，积极做到"眼勤、腿勤、手勤"，尽量全面收集档案信息，迅速整理好档案内容，保障档案资料的时效性，为档案管理社会化服务奠定基础。

（二）规范整理标准

档案资料查询是档案管理社会化服务的主要内容。目前，我国各企事业单位档案整理标准五花八门，虽然按照国家档案管理规章制定了单位内部档案管理标准，但是缺乏统一规范，各科室整理档案的人员完全不按照规章制度工作，目录编制不合理，档案资料缺页等情况时有发生。这种现象的出现导致档案管理社会化服务工作难以开展，因此规范档案整理标准势在必行。各企事业单位应立足于单位生产生活实际情况，积极制定符合单位发展的档案整理标准，鼓励职工参与到标准执行监督中，让每个职工都能了解到档案管理社会化服务对单位发展的长远影响，从而激发职工档案管理的工作热情。

（三）拓展服务范围

长期以来，档案管理工作被视为企事业单位的内部管理，遵循着单位内部管理规章制度，档案资源的利用价值也仅仅体现在单位职工人事档案调阅方面，对档案管理社会化服务理念认识不清，面对其他人群的档案调阅申请经常是置之不理，这种陈旧的档案管理服务思想将被社会发展所淘汰，全新的档案服务思维已经开始走进了企事业单位档案管理工作中。因此，档案管理服务范围从内部到外部逐渐拓展，是我们当前档案管理社会化服务工作的基础。针对不同人群，开展怎样的档案管理社会化服务工作，需要我们档案管理人员深入思考，从满足受众人群档案需求出发，重新界定档案管理服务范围。

三、档案管理社会化服务的重要作用

（一）创造社会效益

随着人们对档案管理社会化服务的逐步了解，越来越多的企事业单位和个人开始寻求如何查阅档案资源信息，尤其是与社会民生、科学研究、城市建设、地质勘查等方面相关的档案信息成为人们关注的焦点。目前，我国多数民生和科研类的企事业单位纷纷开展了档案管理社会化服务功能，依托档案管理信息技术平台，将不涉密的可公开档案信息纳入档案资源数据库中，人们实名制注册后即可浏览相关档案文献。人们在查阅档案信息的同时，档案管理工作也就充分发挥了其社会价值，为企事业单位档案管理工作创造了社会效益。

（二）提供基础资料

档案资料具有历史跨越性，不仅记录了企事业单位的生产经营活动，更是囊括了企事业单位科研工作、文化价值等方面的建设与发展，这些宝贵的档案资料是企事业单位规划发展的不竭源泉，同样也是其他行业发展决策的参考数据。比如通过查询某地区的社保档案资料，就能够大致了解到该地区人员就业情况和各行业发展状态，从而有利于政府部门对就业政策的倾向性进行合理调节，有意识地开展就业服务和培训工作，切实解决就业困难人群的生活状况；通过汇总医院患者档案数据，能够深入挖掘当地的医疗设施建设情况和人们的健康状态，为更好地制订全民健康计划打下基础。档案管理社会化服务不仅是老百姓的福音，也是企事业单位下一步规划发展的推手。

（三）发挥档案价值

档案资源能否充分发挥其利用价值是衡量企事业单位档案管理工作的重要途径。改革开放以来，我国市场经济蓬勃发展，企事业单位经营管理模式也在多次改革与创新中得到了新生，面对着国际经济发展新局面，企事业单位的服务理念也在悄然发生着变化，这不仅仅体现在日常经营活动中，也对档案管理工作造成了不小的冲击。如果企事业单位还是延续传统的档案服务思维，将档案管理服务对象界定为单位内部人员，显然与档案管理社会化服务步调不一致。档案管理工作的主要目标之一，就是要为广大人民群众提供更为丰富的档案资源信息服务，因此，当前及今后很长时期，我们要大力提倡档案管理社会化服务，满足人们日益多样的档案资料需求，从而有力体现出档案资源的社会价值、文化价值和经济价值。

（四）实现数字管理

档案管理数字化建设是信息技术融入社会发展的必然产物，企事业单位档案资料众多，却并不都能体现档案服务价值，如何从繁杂的档案资料中筛选出具有服务意义的信息，档案管理数字化系统研发人员也在积极地摸索和前进。档案管理社会化服务离不开档案数字化平台的支持，档案管理数字化建设又促进档案管理社会服务体系的不断完善。比如人们在档案数字化平台上输入搜索的服务内容，系统就会自动进行统计，对于经常搜索到的服务板块，后台能够将数据进行汇总并分析，数字化平台维护人员会依据社会化服务人群的需求，更新服务板块内容和服务行为模式，两者的相互融合与进步有力推进了档案管理工作的可持续健康发展。

四、档案管理社会化服务体系的构建

（一）创新工作方法

互联网技术与计算机信息技术的快速发展，极大地丰富了人们的生活、工作与学习的方式，为各个领域带来了前所未有的便利。在档案社会化服务领域，同样需要紧跟时代步伐，充分利用现代信息技术，构建高效的档案服务系统与平台，以提供远程、多元化的服务。

为了更好地满足基层人民群众的需求，档案服务应逐渐向基层倾斜，实现服务的拓展与延伸。这不仅要求档案管理部门与人员转变传统的服务理念，树立主动服务意识，还应主动深入到基层，进行档案数据、信息、资料的全面收集、整理、开发与利用。

有效提供主动性服务的渠道多种多样，包括电话服务、上门服务、网络服务、现场服务等，以确保服务的及时性和高效性。通过这些方式，档案管理部门能够更好地满足用户的不同需求，提升服务质量。

档案管理部门还应主动展开分析预测工作。凭借其全面、准确、可靠的档案资料，档案管理部门可以深入分析社会与市场的发展动态，预测潜在问题，为管理层和领导者提供科学、合理的决策支持。在这一过程中，必须严格遵循相关政策法律、制度体系，确保工作的合法性和规范性。

为实现上述目标，档案管理部门应明确发展目标，优化工作方法，确保提供的档案资料准确无误。同时，档案管理部门还应不断提升自身的专业能力和服务水平，以更好地满足社会的需求，推动档案社会化服务的持续发展。

（二）加强资源整合

首先，要对档案资料进行数据化的处理，通过数据的录入、扫描等方式来将多年的文件资料或者音像、照片等资料转化为电子文件；其次，就是要充分使用知识化的管理软件，并严格按照档案管理标准来对其进行规范化的管理，以便后期进行检索；再次，要使用相关先进的技术，比如电磁屏蔽或者数据备份、数据加密等技术措施，有效保护服务网络不会受到黑客的攻击，以及自身错误操作的修改等行为，从而更好地保护数据信息的安全性；最后，要提高管理的信息化，通过对电子文件进行优化升级，使其处在更加良好的状态，从而充分保障数据资料，避免受损。

（三）建设人才队伍

构建档案管理社会化服务体系，人才是关键。要以档案专业人才、计算机专业人才为基础，以复合型人才为重点，加强档案信息资源管理人才队伍建设。首先，要经常开展职业道德教育，加强行为规范，增强服务意识，提高档案管理人员职业素养和道德操守。其次，要采取"请进来、送出去"的办法，加大学习和培训力度，使档案管理人员既掌握档案管理基本知识，又能熟练掌握计算机操作技术，灵活运用档案管理系统软件，全面提升业务能力和综合素质。

总之，要想充分发挥档案的社会化服务优势，就要从创新工作方法、建设专业人才队伍等方面入手，促使档案管理与服务工作朝着时效性的方向迈进，这样才能便于人们的生活、工作与学习，充分发挥档案的价值与优势。

第四节　档案管理个性化服务模式的实现

随着经济社会的发展和科学技术的进步，当前社会已经进入信息快速增长的时代，传统的档案服务方式已不能满足用户信息需求层次的变化，档案信息化以其管理和利用的便捷性越来越受到各单位的重视。2019年，中共中央印发的《中国共产党党校（行政学院）工作条例》指出，党校应重视运用现代信息技术，加强档案信息的采集、整理和开发，积极推进数字资源共建共享工作，充分发挥信息化在教学科研和日常管理中的重要作用。面对新时代对档案工作者提出的新要求，本节以党校档案为例，探讨创新开展档案个性化服务。

一、档案个性化服务的特点和前提条件

档案个性化服务是为用户"量身打造"的信息服务，所有的服务都是根据用户的设定或通过满足用户需求的方式来实现。党校档案个性化服务就是学校档案部门运用现代技术手段，在对学员、教师及教学管理者需求特点进行分析的基础上，对相关的档案资源进行收集、分类和整理，主动向服务对象推送个性化信息服务，逐步满足党校教学科研和日常管理的实际需要。

（一）档案个性化服务的特点

1. 档案个性化服务强调以用户为中心

首先，要明确用户的实际需求，并在细微处体现为用户着想的理念。区别于传统的标准化服务，档案个性化服务注重用户需求的收集、整理、分析，最后再进行匹配和输出，因此，数据的收集和分析在这一过程显得尤为重要。其次，与传统档案管理模式相比，党校建立学员个性化动态信息档案，以学员、教师及教学管理者为中心，运用现代信息处理工具，依托校内信息网络平台，对档案管理信息系统实现实时动态更新，从而达到党校对学员培养过程的精确需要，逐步提升教师及教学管理者的工作实效。

2. 档案个性化服务依赖网络环境

在如今的网络环境和条件下，档案人员不仅可以一如既往地为传统对象提供服务，而且能使分类整理后的档案信息被不同层次的用户不受时空限制地实现统一检索，享受实时服务。党校档案信息化致力将档案资源转化为数字化档案信息，通过计算机管理方式对教学管理数字档案进行收集、整理、保管、查询、利用等工作，形成档案信息数据库，为开展档案个性化服务、实现服务师生的目标夯实基础。

3. 档案个性化服务突出针对性

档案用户的多元化决定了档案需求各有不同。这就要求党校档案部门要不断加强档案资源体系建设，逐步实现对档案利用服务模式的提升，此时的档案信息服务将与传统的档案调阅工作不同。档案部门将主动获取不同用户的个性化信息需求，并通过互联网和校园网络平台将查找到的信息及时推送给用户，实现主动服务用户的目标。从这点不难看出，党校档案个性化服务既包含了档案部门在创新科技手段帮助下，通过建立全新的个性化信息服务平台，主动开展有针对性的引导服务，还包含了按照师生提出的需求提供相应信息服务的内容。

（二）实现档案个性化服务的前提条件

政策引导、资金支持及技术保障等因素都是实现档案个性化服务的前提条件。随着当下网络与信息技术的飞速发展，档案信息化建设已经作为党校现代化管理的重要内容和衡量党校信息化水平的重要标志，摆上了党校领导的重要议事日程。党校要把握这一机遇顺势而为，充分利用自身的人才和技术优势，在认真听取档案主管部门和有关专家意见的基础上，尽快构建基于大数据的档案管理系统，以便为学校各方面工作提供更好的个性化服务。

二、实现档案个性化服务面临的困境

（一）档案信息化建设推进迟缓

目前，不少党校对档案信息化建设重要性认识不够，没有将档案信息化建设纳入学校信息化建设的"总盘子"同步建设和发展，而且管理体制过于单一，基础设施比较薄弱。主要表现在档案信息系统兼容性不足、信息化设备较为落后，已经远远无法满足档案管理工作的现实需要。在大数据时代网络技术发展日新月异、硬件更新不断加快的背景下，党校应当在档案信息化硬件配备上根据自身特色进行选择，不能一味求新求好。在软件方面，则要对档案信息化建设的重点和方向有足够重视，依托档案数据核心进行构建研究，面对用户群体较小的个性化服务，可选择第三方云技术公司提供设备支持。

（二）档案专业人才十分匮乏

长期以来，由于对档案工作重视不够和"看门守摊"思想的影响，不少党校专兼职档案人员专业素质较低，年龄偏大的同志对计算机知识知之甚少，这些都影响了档案信息化建设的发展。为了适应档案个性化服务这一创造性和挑战性并存的创新工作，首先要求党校档案人员通过岗位培训、技能实训、学习取经等形式，不断提升其业务水平、技术处理能力，积极创新档案服务，切实提高档案数据资源的利用率。其次，基于档案个性化服务连续性和保密性的特点，党校应积极转变管理理念，在优化档案人力资源配置的同时，注意保持档案专业人才的相对稳定，避免由于人员调整给档案工作带来不利影响。

（三）档案信息安全面临挑战

开展档案信息化建设，档案信息系统安全和档案信息内容安全是值得关注的重要环节。大数据时代，随着档案信息化的发展，档案信息平台暴露出数据意外损坏、数据遗失以及黑客攻击、数据被非法获取等安全问题，在党校档案信息化建设过程中也不可避免。众所周知，党校教学培训对象里有很大一部分学员来自省直单位各个不同的领导岗位，他们的相关档案信息的开放利用必须经过严格的审查。为确保学员档案信息安全保密，党校在提供档案个性化服务过程中应当采取严格的管控措施和技术手段及时排查隐患，确保信息安全，同时也应防止相关档案被过度信息化。

三、档案个性化服务模式构建

在当今快节奏的生活方式下，人们对获取信息的方便程度也有了新的认识和需要。党校构建档案个性化服务的目的就是通过档案管理系统和党校网站，让用户一次性输入个人需求从而长久获得个性化的档案信息服务。个性化服务模式的构建首先要符合以人为本的原则，将为用户提供优质高效服务作为档案部门的工作重心。其次，个性化服务模式也要符合动态调整的原则，切实做到数据实时更新。我们在构建档案信息个性化服务模式的过程中，应当特别注重各类数据库的内容更新，并随着用户需求的变化及时更新模式，为用户提供实时档案信息服务。最后，个性化服务模式的构建要符合开放包容的原则，档案信息资源的高度开放是个性化服务的基本保障，没有档案的开放，利用和服务便无从谈起。根据以上构建模式的原则，本书初步设计出适合党校档案信息个性化服务的四种模式：

（一）数据库订制个性化服务

这一模式主要是通过分析档案信息资源的利用情况来完成，包括系统界面订制、系统资源订制和系统资源检索订制三种形式。党校数据库订制个性化服务注重以人为本，分析的主要依据是学生进校注册信息的管理及相关资源的保留、共享等，也可以根据党校教学、科研工作的需要，对科研成果、名师公开课、精品课视频进行特色展示。教师的课件及研究成果、教学管理者的制度和流程、行为信息设置等内容，以及整个教学管理全过程等信息服务类型和服务方式，都可以通过动态的数据库订制高效优质的用户界面和服务功能，以获得"量体裁衣"的信息服务。为了给党校不同的用户提供准确、快速的服务，使大家获得更好的服务体验，各个数据库之间实现管理统一，保持衔接顺畅显得尤为重要。

（二）信息推送个性化服务

推送服务模式需要党校打造一个信息主动推送的智能平台，该平台应针对不同用户构建用户模型，尽力收集用户可能会需要的信息，经分析将经过整理的档案信息通过平台自然呈现于用户眼前。这些信息与用户需求相吻合，用户既可以借助平台进行交流，也可以随时随地收到自己想要的信息，极大提高了档案信息的流通性。与此同时，平台还可以提供推荐服务，推送服务器将匹配用户的检索命令与用户数据库，然后将提取的结果传送到档案信息资源数据库，最后将数据库中对应的档案信息推送给用户，充分体现了其智能化的优势。

（三）信息检索个性化服务

为使档案信息的获取更加快速、准确和便捷，信息检索个性化模式要求党校档案部门开发高效的检索工具，将档案管理系统与党校网络平台融为一体，档案用户再也不必亲自到档案部门去查阅档案资料。鉴于有的用户习惯用关键词在平台上检索造成查准率降低的情况，用户普遍希望接入党校网络平台的档案管理系统，登录程序便捷，检索服务高效，便于他们快速准确获得所需信息。个性化信息检索功能就是用户在党校网络平台的档案数据库检索界面上输入要检索的信息，随后在充分集中各类档案信息资源的基础上，运用现代信息检索技术，对检索的结果进行匹配，并将检索结果发送给用户。党校网络平台应当注重提升在线数据库检索系统的性能，不断优化档案数据库检索系统主页版面，完善检索方式与途径、检索帮助与指南等相关模块，为学校不同类别的用户提供更细致、更精准的服务。

（四）远程利用个性化服务

为了更好地服务党校中心工作，档案部门可以在广泛开展深入调研的基础上，推出符合学校管理需求的远程利用个性化服务。比如根据学员档案管理的需要和发展，提供实时在线服务，方便学员办理档案借阅、归还、借阅人查询、分类查询等。特别是在疫情期间，档案部门可以通过电话、学校网络平台、微信公众号等渠道，充分运用档案信息化成果，按照权限管理的要求，为学员提供方便快捷的远程查阅和教学服务。此外，党校在利用多媒体技术、开展远程音视频服务、网上法治宣传、举办网上展览等方面也大有可为，通过扩大档案工作的影响，逐步提高全员档案意识和法治观念，充分发挥档案资源的文化教育功能。

四、档案个性化服务模式的构建策略

（一）转变传统观念，夯实业务基础

对于传统的党校档案工作来说，信息个性化服务是新生事物，如何将这项服务做好做出彩，是摆在大家面前的重要课题。因此，新时代党校档案工作者必须适应新时代要求，围绕学校中心大局，增强创新意识，关注用户需求，以创新思

维来激活档案工作。以学生档案管理为例，作为学生在校期间各科成绩、党性教育、外训活动中形成的具有保存价值的原始记录，应当确保档案信息的真实性和完整性。因此，在开展学生档案数字化过程中，档案部门要确保存储的电子文件内容与纸质文件内容相统一，并采用现代技术手段保证电子文件在拷贝、传送中保持原有的面貌。

（二）整合档案资源，提升服务水平

档案信息化建设作为党校信息化建设的重要组成部分，要求党校档案部门对建校以来的档案信息资源进行分类整合，尽快完成海量信息的基础梳理和数字化工作。为了更快实现档案个性化服务这一目标，从根本上改变传统档案工作效率低下和程序烦琐的局面，党校档案部门需要大量采用现代信息技术，并依托学校网络平台完成个性化、实时更新的档案管理信息系统建设，将经过加工、有针对性的档案信息及时呈现给用户，切实提升档案工作管理服务水平，充分满足党校师生员工对档案信息特定的个性化、专业化需求。

（三）开展互动交流，加强协同合作

档案个性化服务要求党校档案部门充分利用全省党校系统的互动属性，在党校档案资源建设和服务需求征集上加强与用户之间的信息交流和协同合作。档案用户可以根据自己的实际需求订制档案信息服务，档案部门针对用户的个性特点以及订制的服务内容，积极主动为用户匹配最合适的资源并加强信息的动态调整。协同合作主要有以下三种路径：一是加强内部分工协作，共同完善学校档案信息资源数据库，共同开发档案网络服务平台；二是加强与兄弟院校合作，合作开发信息化处理工具，签订档案异质异地备份协议等，进一步提升服务效能，保障档案信息资源数据库安全；三是与上级党校以及同级党校开展协同合作，实现网上服务平台的互联互通，提供"异地查档，在线出证"等远程利用服务。

（四）突出平台建设，拓宽服务领域

为了更好地发挥党校档案信息资源的作用要做到三方面：首先需要利用最新的科学技术来对网上服务平台进行及时的升级，完善现有功能，消除安全隐患，提高服务效率；其次，要注意在构建基于社会化媒体的档案信息个性化服务模式的过程中，加快数据库的内容更新步伐，要随着用户需求的变化来更新用户需求模型，进行跟踪服务；最后档案部门要想用户所想，通过分析用户特点预判其需求，努力实现档案服务变被动为主动，全方位、多层次为用户提供个性化服务。随着现代信息技术的飞速发展，档案用户的实际需求也在悄然发生变化，档案个性化服务能否有力有效，将对档案事业创新发展、高质量发展产生影响。

第五章　现代档案管理工作中新技术的应用

第一节　人工智能在档案管理工作中的应用

随着信息技术的快速发展，人工智能逐渐成为档案管理领域的一项重要技术。在我国，档案管理的数字化、智能化转型正在推动档案管理工作向更高效、便捷和可持续的方向发展。通过对人工智能在我国档案管理中的应用现状进行总结，并展望未来的发展趋势，相信随着不断的努力和创新，人工智能技术将为我国档案管理带来更大的效益和推动力，为推进档案事业的数字化、智能化发展做出积极贡献。

一、人工智能在档案管理领域的重要性

人工智能技术作为一种强大的工具，为档案管理带来全新的解决方案。首先，人工智能技术能够大幅提升档案管理的效率和精度。传统的档案管理工作需要大量的人力、物力、财力和时间，而人工智能技术可以自动化、智能化地完成许多烦琐的任务，如档案分类、归档和检索。通过机器学习、自然语言处理和图像识别等技术，人工智能能快速、准确地处理海量的档案数据，从而提高工作效率，减少人为错误。[①]其次，人工智能在档案数字化转型中扮演重要的角色。数字化是现代档案管理的必然趋势，而人工智能技术可为档案的数字化转型提供有力支持。通过图像识别、文本识别和数据挖掘等技术，人工智能将纸质档案快速转化为电子档案，实现档案的数字化存储和管理。这不仅提高档案的可访问性和共享性，并为后续的智能化处理和分析提供基础。[②]

---

① 江荣.人工智能技术在数字档案室建设中的运用探讨 [J].上海房地，2023（06）：32-34.

② 黄金辉，范慧丽，曾欣平.基于人工智能的高校教学档案管理工作探究 [J].办公室业务，2023（08）：175-177.

二、人工智能在档案管理中的应用

人工智能的主要技术领域包括计算机视觉、自然语言处理、机器学习、智能机器人、模式识别等[①]，这些技术目前在档案"收管存用"的具体环节中已实现不同程度的探索应用，切实提高了档案管理的效率与水平。未来，利用人工智能逐步实现档案管理全流程智能化将成为实践发展的重要方向。

（一）电子文件归档

大数据时代，各类电子文件指数级增长，迫切需要信息技术的嵌入来满足电子文件的归档要求，而人工智能可介入电子文件前端控制，提高电子文件归档质量。借助机器学习、自然语言处理、模式识别等技术，提前将电子文件的归档范围、分类方案、归档时间、通用文件格式要求、元数据方案、命名规则、封装要求等配置在业务系统或归档接口中[②]，根据预先设定的形式实现电子文件的在线自动归档和全程留痕，从前端确保电子文件的真实、完整、可用、安全。如上海市浦东新区档案馆运用人工智能技术，将电子档案管理和"四性"检测需求融入受理平台和业务系统，确保电子文件在审批服务过程中即符合归档要求，实现事项随办随归、要素自动归集。

（二）档案智能采集

在网络环境下，档案数据广泛产生于电子办公、电子业务、信息系统、网站网页、新媒体及传感设备等环境[③]，而人工智能可辅助档案数据全域采集。通过融合智能感知终端、网络爬虫、数据采集、智能转录等人工智能技术，感知采集多模态、多来源档案信息资源，有效提升档案收集质量与效率，构建立体多元的馆藏档案资源体系。如浙江省档案馆与科大讯飞公司合作，综合运用卷积神经网络、AI识别等技术，实现对音视频档案的采集、整理和有效利用，有效盘活音视频档案资源。[④]

---

① 李晓理，张博，王康，等．人工智能的发展及应用 [J]．北京工业大学学报，2020（6）：583–590.

② 王强，吴志杰．业务系统与档案管理系统归档集成框架：构建与内涵解析 [J]．档案学通讯，2020（6）：45–53.

③ 金波，添志鹏．档案数据内涵与特征探析 [J]．档案学通讯，2020（3）：4–11.

④ 浙江省三项国家档案局科技项目通过专家验收 [J]．浙江档案，2021（9）：6.

（三）档案智能整理

就档案形态而言，档案资源包括实体档案资源和数字档案资源。针对实体档案资源，光学字符识别（Optical Character Recognition，简称OCR识别）、人脸识别、语音识别等技术的应用，能够自动识别并提取档案中的关键信息和文字内容，将其转化为可供计算机编辑处理的数字化、数据化信息。针对数字档案资源，借助自然语言处理、机器学习等技术，可对档案进行聚类分析，发现不同文本间的关联与特征，实现文本型数字档案资源的自动著录标引、分类排序；还可基于模式识别技术，实现照片档案、录音录像档案等媒体型数字档案信息资源的一站式检索。

（四）档案智能鉴定

借助专家系统、机器学习、语义分析等技术，在对已开放鉴定的成果进行模型训练的基础上，结合专家提供的理论知识和已有的鉴定规则，预置敏感词库和规则库，实现档案目录、原文信息审读和段落、词句语义理解，进而做出档案内容的价值判断与开放结果的预测。如辽宁省档案馆结合人工智能技术，构建多维语义理解算法模型，从敏感字段、敏感词、敏感语句、敏感图像等多层次对档案全件进行语义分析，提升档案开放审核业务的智能化水平。

（五）档案智能服务

一方面，人工智能有助于实现档案资源的多层次开发。运用数据挖掘、数据分析、知识图谱、知识地图等智能技术对档案资源进行细粒度、内容级开发，发现档案数据间的内在关联和趋势脉络，并以可视化的形式构建知识要素的关系网络，以便最大限度地激活档案信息资源的潜在价值，赋能政府决策、城市发展等宏观场景。如上海市档案馆综合运用人工智能、知识图谱等技术，打造"跟着档案观上海"数字人文平台，将建筑、历史事件以及身处其中的人有机融合，为了解城市文脉与历史记忆提供档案数据支撑。另一方面，人工智能助推档案资源的个性化供给。借助自然语言处理、用户画像、智能推送等技术，可从关键词理解提高到语义、知识级别的理解，深度分析档案用户在利用过程中的需求、偏好、行为等信息，获取档案用户个性化的服务诉求，主动为其推送更加精准的档案信息。如可利用对话式语言模型ChatGPT，对大规模档案数据资源进行训练，并构建档案领域知识库，以知识问答的形式提供智能化的档案利用服务。[①]

三、人工智能在我国档案管理中的应用现状

（一）数据隐私与安全问题

档案管理涉及大量敏感信息，包括个人隐私和商业机密等，因此保护数据的隐私和安全至关重要。人工智能在处理和分析数据时需要访问大量数据，这为数据隐私和安全带来一些潜在风险。当人工智能系统处理和存储大量档案数据时，存在数据被非法获取或意外泄露的风险。黑客攻击、恶意内部人员或系统漏洞可能导致档案数据的泄露，进而威胁到个人隐私和商业机密。人工智能系统需要访问和分析档案数据以提供智能化的服务，但滥用数据的可能性也随之增加。[②]

（二）缺乏技术标准与规范

当前，由于缺乏统一的技术标准和规范，不同机构和系统间存在互操作性差的情况，这限制人工智能技术在档案管理中的应用和推广。一方面，不同档案管理信息系统采用的数据格式和结构各异，导致数据在系统之间的共享和交换困难。缺乏统一的数据标准和交换协议，限制人工智能系统对多个档案系统数据的整合和利用。另一方面，人工智能算法和模型在档案管理中的应用涉及数据处理、文本分析、图像识别等多个领域。然而，由于缺乏统一的算法和模型标准，不同系统和应用之间的算法选择与结果输出可能存在差异，这给数据分析和决策带来一定的困扰。

（三）缺乏人才

在人工智能领域，需要拥有专业知识和技能的人才，如数据科学家、机器学习工程师和算法专家等。然而，当前我国在人工智能领域的专业人才相对匮乏，这对于档案管理中人工智能技术的应用和发展带来一定的挑战。目前，我国在人

① 杨智勇，桑梦瑶.数字化转型背景下档案数据治理能力的演进与展望 [J].档案与建设，2023（5）：31-34.
② 聂莹.智能技术在电子档案管理中的应用与实践 [J].兰台世界，2023（04）：96-98.

工智能领域的教育培养体系相对滞后，缺乏系统的培训和教育计划。高校和培训机构的人工智能课程设置与师资力量亟待改进，以满足人工智能领域专业人才的需求。[①]

四、人工智能在我国档案管理中的应用风险

（一）制度风险

制度风险指人工智能介入档案管理的过程中，由于相关部门针对这一新兴领域的制度制定和修改不及时、不到位而可能引发的风险。

1. 顶层设计尚不完善

当下档案领域涉及人工智能的政策更侧重于宏观层面的方向引导，缺乏微观层面具体性、针对性、配套性的实施办法和操作指南，如人工智能在档案领域中的应用范围和准入条件、相关主体的职责分工和权属规范、人工智能研发成果应用的评估体系等。人工智能的应用需要为全面系统的战略规划进行引导和支持，而相关制度的缺失则成为掣肘因素。

2. 行业规范有待健全

人工智能在档案管理中的运用须依赖大量的档案数据作为语料投入，但当前缺乏体系化的档案数据标准规范。现有国家标准较多局限于数据存储、系统功能等方面，如《档案数据硬磁盘离线存储管理规范》（DA/T 75—2019）、《电子档案管理系统基本功能规定》等[②]，在档案数据获取、数据传递、数据利用、数据隐私保护等方面尚无明确规定，致使档案数据化程度较低、数据质量参差不齐、数据共享利用受限，直接影响和限制了人工智能在档案领域的应用成效。

（二）技术风险

技术风险指由于人工智能自身技术缺陷以及人类认知局限，在应用过程中可

---

① 郑颖. 人工智能在现代人事档案管理中的应用 [J]. 信息记录材料，2022（12）：111–114.

② 周林兴，林凯. 大数据时代档案数据质量控制：现状、机制与优化路径 [J]. 档案与建设，2022（2）：4–8.

能产生技术滥用、技术误用等现象，导致档案数据泄露、系统遭受攻击等风险。

1. 内部技术缺陷而引起的风险

人工智能技术本身具有高度的专业性、复杂性和不可解释性，犹如不透明的"黑箱"，除少数技术设计者外，多数外部人员无法理解算法做出智能决策的逻辑和结果，一旦算法结构具有缺陷，模型数据出现问题，则会对档案安全造成威胁。如档案鉴定环节涉及诸多复杂问题，算法无法完全量化，若由算法掌握档案的"生杀大权"，可能会导致鉴定结果出现误判、错判。

2. 外部技术攻击引起的风险

档案数据是人工智能应用于档案领域的基础和"燃料"，随着各种智能感知终端、采集终端在档案系统、档案网站中的落地，大量非结构化的档案数据在汇聚流转过程中易被未授权人员或非法组织窃取、篡改，尤其是档案用户在利用档案信息的过程中，个人行为轨迹、敏感信息等被不可避免地记录在网络中，极易造成档案用户隐私信息的泄露。此外，部分档案部门的基础设施存在老化现象，加之档案服务开放共享的天然特质，一些不法分子可能会利用平台漏洞及病毒传播、恶意代码、智能技术等手段对档案管理系统、人工智能模型、训练数据集等进行非法攻击、肆意删除、违规使用，严重危害档案信息安全和公共服务秩序。

（三）伦理风险

伦理风险是由于人工智能研发与应用中的诸多不确定因素，导致其应用于档案管理的过程中，可能引起歧视偏见、公平破坏、人机矛盾等负面影响。

1. 算法歧视引发档案用户的话语流失

算法是人工智能应用于档案管理的核心要素，但算法本身是人的产物，在算法设定和开发的过程中不可避免会存在设计者的主观意愿，如因设计者的性别歧视、个人经历、行为动机而忽视弱势边缘等特定群体的档案需求；设计者的数据选择、运用偏差等控制档案用户的信息推荐，这与档案促进社会公平正义的价值理念相悖。

2. 人机关系的"矛盾冲突"引发主体的认同危机

智能技术在推动档案管理发展的同时也变革了其中的人机关系，人工智能的应用一定程度上加剧了档案工作者、业务部门的职业危机。一部分档案工作者对于人工智能技术产生的抵触、恐慌、畏惧等情绪，认为其会取代自身职业；一部分则陷入"技术唯上""技术决定论"的泥沼，期望通过人工智能技术来解决档案管理中的一切问题。此外，截至2022年底，在全国各级档案主管部门和综合档案馆共有专职人员中，研究生学历仅占比10.5%，本科学历占比达68.7%，大专以下学历占比20.8%，具有档案学专业程度的仅占比18.12%。[①]现有的档案人才队伍专业程度和文化水平整体较低，尚处于技术弱势和被动地位，这与人工智能所要求的技术素养和知识储备不相匹配，难以保障人工智能在档案领域的应用。

（四）监管风险

监管风险指在档案业务管理活动中，相关行为主体缺乏对于人工智能技术的控制或调节而引发的风险。

1. 档案主管部门监管力度不够

目前，档案领域虽然积极拥抱人工智能技术，但尚未意识到人工智能在应用过程中的合规性问题，面临监管责任不明确、监管手段不能及、监管能力与监管要求不匹配等监管风险。若人工智能在档案管理中使用不当，将进一步加剧其带来的制度风险、技术风险、伦理风险等，进而弱化人工智能在档案领域的应用成效。

2. 缺乏多元主体的协同监管

针对人工智能的监管不仅是档案主管部门的责任，更是在人工智能设计研发、生产制造、服务使用等过程中各方主体都需应对的问题。[②]其中，技术企业是人工智能程序与算法的设计者，但现阶段缺乏一定的激励机制，使得第三方监管组织参与和评估的积极性不足；公众是人工智能研发成果的应用者和监管者，

---

① 国家档案局政策法规司.2022年度全国档案主管部门和档案馆基本情况摘要（一）[EB/OL].[2023-09-05].

② 曾子明，孙守强.智慧图书馆人工智能风险分析与防控[J].图书馆学研究，2020（17）：28-34，15.

可帮助档案主管部门发现人工智能产品存在的问题。但通过对智能检索系统、智能查档机等档案领域已有的人工智能产品调研发现，较少产品开通了用户满意度评价、匿名意见反馈等功能入口，致使公众参与人工智能监管的渠道缺失。

五、人工智能在档案管理中的应用策略

有效识别、管控、规避风险是提升人工智能应用效能的必然要求。为此，文章按照"制度先行—技术集成—伦理规约—监管防控"的路线，提出应对风险的防范策略。

（一）制度先行：加强顶层谋划，完善档案数据标准体系

完备的制度体系是档案领域应用人工智能技术的基本前提，推进人工智能管理制度的构建能够遏制人工智能所带来的风险。

1. 加强人工智能应用的顶层设计

自2019年以来，国家层面针对人工智能技术已相继发布《新一代人工智能治理原则——发展负责任的人工智能》《国家新一代人工智能标准体系建设指南》《生成式人工智能服务管理暂行办法》等指引性文件，为人工智能应用提供治理框架和行动指南。档案主管部门应以上述文件为指引，发挥"元治"角色，从前端性、全局性、系统性的视角，科学谋划人工智能等新一代信息技术在档案领域的应用规划和行动计划；从制度层面明确人工智能应用的权责分配、管理模式、安全保障、组织架构等，并将人工智能风险管理贯穿于档案管理的全过程；积极支持企业、高校、科研院所等主体协同参与人工智能的前沿课题研究，鼓励和引导人工智能在档案领域的持续健康应用。

2. 健全档案数据标准规范体系

一方面，构建包括档案数据管理标准、技术标准、安全标准、隐私保护在内的标准体系，明确档案数据管理的职责权限和组织架构，强化档案数据质量控制和权益保障；另一方面，制定涵盖档案数据全生命周期的配套细则，确保其来源可靠、程序规范、要素合规，为推进人工智能在档案领域的应用提供数据资源保障。如2022年，浙江省出台的《浙江省公共数据条例》，从公共数据收集、归

集、存储、加工、传输、共享、开放、利用等方面做出明确规定，促进了公共数据依法有序自由流动。

（二）技术集成：融入多元技术，搭建档案安全保护屏障

人工智能不是一项自成体系的技术，其应用场景的深化需要与其他技术手段相互支撑，因此，加强区块链、数字孪生等新一代信息技术的集成运用，构筑技术风险防御屏障是保障档案安全的重要途径。

1. 区块链技术

可通过可信时间戳和非对称加密技术，为档案数据创建唯一标识符，防止其被篡改、损坏、盗取，确保在传输过程中的真实性和可靠性；通过智能合约和共识机制，控制档案数据访问权限，以节点对节点的形式加强数据的互联互通和溯源追踪；通过去中心化存储，将档案数据分散于多个节点并实现实时备份，提高档案数据的安全性和稳定性。

2. 数字孪生技术

数字孪生是以数字化方式创建物理实体的虚拟模型，借助数据实现物理世界与数字世界的虚实映射。[①]利用数字孪生技术可将档案馆建筑、档案实体、系统设备的状态以可视化的形式呈现，根据实时数据感知、监测、溯源档案馆运行过程中面临的不确定因素和风险状况，从而提高档案馆的风险防御水平。如上海市静安区运用数字孪生技术实现档案库房、馆藏资源在数字空间中的映射，提高了数据积累、分析和挖掘能力，为后续人工智能的应用奠定基础。[②]

（三）伦理规约：秉承人本理念，构建算法柔性治理格局

1. 档案工作者应坚持人本理念，秉承包容审慎的原则

"明确人工智能应先'人工'再'智能'，即智能技术在档案工作的辅助性作用，人的'智慧'始终占据主导地位"[③]，避免由于过度依赖技术而导致档案

① 陶飞，刘蔚然，刘检华，等.数字孪生及其应用探索[J].计算机集成制造系统，2018（1）：1-18.

② 陈斌.上海静安：数字孪生技术在档案库房管理领域中的应用[J].中国档案，2023（7）：30-31.

③ 杨智勇.ChatGPT火爆背后的冷思考[J].山西档案，2022（6）：1.

管理人员角色地位的边缘化与削弱。同时，数智化的发展潮流也为档案工作者提出新的要求，档案工作者既要顺势而为，具备驾驭新技术的能力，密切关注外部技术环境的发展变化，提高自身数字素养，又要应势而动，充分了解人工智能等新一代信息技术的应用风险及其负面效应，提升风险认知能力。

2. 推动算法设计的不断优化

一方面，档案部门应充分发挥主观能动性，主动介入算法研发和设计的前端，将档案专业理论、服务理念与算法设计高度融合，把公平、正义、平等等主流价值观念嵌入算法应用的全过程，适时优化和完善算法模型，加强论证、测试与审核，以人的价值理性规约智能技术的歧视与偏见，提高算法决策的科学性；另一方面，进一步扩大算法模型的信息推荐范畴，增加更加多元化的信息推送内容，例如可采用逆向推荐思维，为档案用户提供可能"不感兴趣""应关注但没有关注"的档案信息，从而构建立体化的信息推送机制，避免由"信息茧房"效应带来的认知窄化现象。

（四）监管防控：坚持多方协同，建立全链条式监管机制

我国《新一代人工智能发展规划》明确指出："建立健全公开透明的人工智能监管体系，实行设计问责和应用监督并重的双层监管结构，实现对人工智能算法设计、产品开发和成果应用等的全流程监管。"[1]档案领域针对人工智能应用的监管是多方联动的动态过程，亟须构建覆盖事前、事中、事后的全生命周期的协同监管机制，推动人工智能风险预警与化解。在事前阶段，档案部门应加强人工智能技术的前瞻预防与约束引导，强化质量认证的准入监管，建立由业务部门、技术企业、第三方监管组织、专家等多方力量组成的监管小组，对人工智能设计、产品和系统的复杂性、风险性、可解释性等进行安全评估，未达标或未通过安全评估的算法、产品或系统不能使用，防患于未然。在事中阶段，按照"谁使用谁负责，谁运行谁负责"的原则，明确监管主体必须遵守的原则和义务，重点监督和审查相关使用者应用人工智能系统或产品的合规性与合法性，强化组织内部风险管理的技术和安全保障，避免技术失控、技术滥用风险的发生。在事后阶段，构建问责机制，整合分析在人工智能系统应用、算法应用、档案数据使用

---

① 国务院关于印发新一代人工智能发展规划的通知 [EB/OL].[2023-05-28].

过程中的现存问题，及时调整和优化监管措施、使用流程、评估体系等，实现人工智能应用风险的闭环控制，进而确保人工智能在档案领域的应用成效。

第二节　数据挖掘在档案管理工作中的应用

随着科学技术的进步和互联网技术的快速发展，档案数据量呈现几何式暴增，使用传统的数据分析工具和技术进行数据处理存在很大的局限性。为了解决这些问题，来自不同学科的研究人员开始联合开发能够处理不同数据特征的有效工具和方法，数据挖掘技术就是在这样的背景下诞生的。该技术结合传统数据分析和大数据处理算法，为挖掘大量数据中包含的潜在价值提供了可能性。目前，在档案管理领域，数据挖掘技术应用逐步展开，并取得了一定的效果。在长期的工作中，各种机构都形成了大量的档案。这些档案大多以"凭证"的形式使用，使用方式相对传统、单一。传统档案管理中，人工手动化管理模式仍然占据着主流地位，手动式档案管理效率低、误差大，浪费大量的人力物力。大数据技术的发展对传统的档案管理模式提出了挑战，随着档案管理信息化和数字化的发展，以数据挖掘为核心，构建档案管理新模式成为新时代发展的重要方向。

一、数据挖掘的内涵

（一）数据挖掘的定义

数据挖掘（Datamining）又译为资料探勘、数据采矿，是指从大量的、不完全的、有噪声的、模糊的、随机的数据中提取隐含在其中的、人们事先不知道的但又潜在有用的信息和知识的过程。

数据挖掘通常与计算机科学有关，并通过统计、在线分析处理、情报检索、机器学习、专家系统（依靠过去的经验法则）和模式识别等诸多方法来实现上述目标。数据挖掘的任务有关联分析、聚类分析、分类分析、异常分析、特异群组分析和演变分析等。数据挖掘侧重解决四类问题：分类、聚类、关联和预测（定量、定性）。

数据挖掘的步骤会因不同领域的应用而有所变化，每一种数据挖掘技术也有各自的特性和使用步骤，针对不同问题和需求所制定的数据挖掘过程会有所差异。

（二）数据挖掘过程

数据挖掘的具体过程描述如下：

1. 数据

进行数据挖掘首先要有数据，可以根据任务的目的选择数据集，并筛选自己需要的数据，或者根据实际情况构造自己需要的数据。

2. 预处理

确定数据集后，就要对数据进行预处理，使数据能够为我们所用。数据预处理可以提高数据质量，包括准确性、完整性和一致性。进行数据预处理的方法有数据清理、数据集成、数据规约和数据变换等。

3. 变换

进行数据预处理后，对数据进行变换，将数据转换成一个分析模型，这个分析模型是针对数据挖掘算法建立的。建立一个真正适合数据挖掘算法的分析模型是数据挖掘成功的关键。

4. 数据挖掘

对经过转换的数据进行挖掘，除了选择合适的挖掘算法外，其余一切工作都能自动地完成。

5. 解释／评估

解释并评估结果，最终得到知识。其使用的分析方法一般视数据挖掘操作而定，通常会用到可视化技术。

二、数据挖掘算法

数据挖掘算法主要包括神经网络法、决策树法、遗传算法、粗糙集法、模糊集法、关联规则法等。[①]各个算法在档案管理中所起的作用各有不同。例如决策

[①] 毕敏. 数据挖掘技术在智慧档案建设中的作用探讨 [J]. 船舶标准化与质量，2022（2）：41-43，31.

树本质上是对档案数据进行分类和分析的过程，其分析过程以树的形式出现，每个节点代表不同类型的数据。决策树算法是一种近似离散函数值的方法。这是一种典型的分类方法，首先处理数据，使用归纳算法生成可读规则和决策树，然后使用决策来分析新数据。从本质上讲，决策树是通过一系列规则对数据进行分类的过程。事实上，数据挖掘是信息技术逐步演进的结果。起初，所有类型的业务数据都只存储在数据库中。近年来，物联网技术的快速发展使其在社会生产领域得到了广泛应用。特别是互联网技术的进步已成为构建信息系统的必要手段。从商业应用的角度来看，数据挖掘是一种全新的商业信息处理技术。它的主要功能是提取、转换、分析和建模业务数据库中的大量业务数据，并提取关键知识来辅助业务决策，即从数据库中自动发现相关的业务模型。在信息技术高度发达的当代，数据挖掘不仅满足于查询和存储，更重要的是利用信息辅助决策，而数据仓库可以很好地辅助决策。

数据仓库作为数据收集场所，可以合理地利用数据分析技术，从海量信息中获取所需信息。数据仓库作为一种数据采集，具有反映历史变化的特点，具有相对稳定、主体性强、完整性强的特点。它经常用于企业或组织在业务管理活动中的决策分析和处理。数据仓库包括数据收集、数据存储和数据访问三种结构。这三种结构相互协作，分析和处理数据，以满足企业管理中的决策需求。操作数据库对数据的管理相对松散，而数据仓库在保存数据时使用了一种新的数据管理方法。它使数据仓库中的数据具有高度的集成度，为数据仓库中数据的高效分析提供了基础。[①]数据挖掘的原始数据非常大且有噪声，更新规则可以根据数据的变化不断调整，并可以做出快速响应。数据挖掘是在统计学的前提下发现和探索规律的定律，不是一个普遍的真理，不需要应用于所有数据。

三、数据挖掘技术在各类档案管理工作中的应用方法

（一）基于大数据挖掘的档案分类分析与管理方法

该类方法主要有贝叶斯分类算法、基于关联规则分类算法。不同档案的分类管理是企事业单位档案管理工作的基础。传统的人工分类管理模式，劳动力、材

---

① 曾婷，杨帆，王恒.国土规划数字档案资源的数据挖掘与可视化 [J].兰台世界，2019（S1）：191-192.

料和时间消耗相对较高，工作效率和准确性相对较低。将计算机数据挖掘技术应用于档案分类管理，可以快速完成分类和排序工作，从而大大提高生产率。在企事业单位档案分类管理工作中，数据挖掘技术的具体应用过程如下：第一，根据大量数据中申请人的具体需求，将相关数据整合到训练集中；第二，归纳训练集和其他未处理档案数据，有助于管理人员对档案进行分类；第三，分析用户的查询档案信息，并在此基础上提供服务，不仅可以有效地、有针对性地提高档案数据服务，还可以使用户在尽可能短的时间内获得档案资源。

（二）基于数据分割法的档案收藏管理法

此类方法包含划分方法、基于网络的方法、基于密度的方法、层次方法等。海量的档案数据格式类型多样，数据结构丰富，收藏管理难度大，数据分割法根据属性进行分割聚类，效率得以提升。将数据挖掘技术应用于档案收藏管理，可以快速分析相关数据并将其存储在数据库中，然后将其合并到相应的数据模型中。通过智能比较模型和计算机存储的样本数据，可以清楚地识别两者之间的差异，从而能够准确判断档案数据的价值，并为工作人员提供与传统档案收藏管理模型相比更准确的参考数据。

（三）基于关联分析法的档案记录信息提取法

该类数据挖掘技术主要是利用算法，如Apriori算法、DHP算法和DIC算法等，计算数据信息关联性程序找到所需档案数据。例如驾驶档案信息包含许多内容，不仅包含驾驶员信息，还包含驾驶证件、医疗体检报告和职业资格证书等信息。在庞大的数据信息中提取所需数据，效率非常低。交通记录内容通过传统手动方法进行细化，则需要花费大量时间和精力，并且不能保证信息的准确性。在交通档案管理中应用数据挖掘技术，通过关联分析法建立相关模式挖掘数据，不仅可以及时动态地管理驾驶员信息的状态，还可以准确提取驾驶员交通违规记录，从而有助于事故处理工作的开展。

（四）基于人工智能算法的决策、预测分析与应用

此类的数据挖掘方法主要是神经网络与决策树等相关人工智能算法，该类方法的优点是，具备庞大的数据处理能力，能够完成处理预测模型的任务，在智

慧医疗档案管理中应用十分广泛。智能医疗技术起源于美国，发达国家在20世纪90年代初陆续探索。智能医疗系统最初应用于医院，但尚未得到广泛应用。没有推出大规模应用的原因包括：医疗系统的局限性、根深蒂固的传统业务流程以及智能医疗本身的不成熟。它主要检测患者的身体，然后将具体数据传输给医生，医生根据数据进行判断和分析。随着计算机技术的不断发展，大数据的概念逐渐出现。尽管大数据已经在许多领域得到了应用，但目前还没有国际公认的概念，大数据在各个领域都有自己独特的理解。大数据是指需要新的处理模型具有更强的决策能力、洞察力和流程优化能力，以适应海量、高增长和多样化的信息资产。无论大数据在各个领域的定义如何，我们都不能否认，我们现在正处于大数据时代，周围环境与大数据密切相关。大数据是一种全新的思维方式，将生产过程中的信息转化为数据形式，促进了社会经济和文化的发展。

四、数据挖掘技术在档案管理工作中的现实应用价值

（一）数据挖掘能够促进档案的多元分类更加科学

在档案整理的过程中，档案分类是一个极为重要的任务。常见的文书档案，当前的分类主要依据"全宗号—年度—机构（问题）—件号"的模式来进行，在实际的档案整理过程中，为了避免机构和问题两个不同类别的交叉，往往采取二选一的分类，而机构运行中产生的文书档案一定与活动、问题等密切相关，因此所解决的问题、涉及的机构、相关的人员等内容特征会集中体现在文书档案中，二选一的分类势必将舍去其他的内容特征。除此之外，在档案著录方面，出于人力成本和时间成本的考虑，一般档案机构并不会对主题词等相关内容进行著录，进而导致这样的分类模式将会对档案编研产生直接的影响。如在档案年鉴的编制过程中，经常会采用经济、政治、文化等相关元素的分类，以上的这种分类模式根本无法给年鉴的编制带来直接的效益，反而会迫使编制人员进行重新查询和分类，浪费大量的时间，因此，档案的多元分类势在必行。在数据挖掘中，利用机器学习的原理可对文本进行自动分类，结合相关训练语料和包含IDF、词性等数据的训练词典，能够极大地提高分类的准确性。在训练分类过程中，分类的结果与特征向量权值的计算方法密切相关，根据不同的计算方法可产生不同的结果，

因此通过制定不同的特征向量计算方法可达到产生不同分类器的目的，进而使得档案能够进行多元分类。

（二）数据挖掘能够使档案信息的检索更加准确

档案检索是档案利用的一个重要途径。在整个检索过程中，档案检索的满意度与检索系统的查全率和查准率呈正相关，其中查准率为检索出的相关信息量与检索出的信息总量的比值，查全率为检索出的相关信息量与系统中的相关信息总量的比值，从中可以看出制约档案检索的因素主要为系统的检索算法和系统中的信息总量。在检索算法方面，真正的影响因素实为系统中的相关信息总量，即包括档案原生的内容文本数据和元数据。档案原生的内容文本数据就是直接呈现在用户面前，为人眼所能直接看到的文本；档案的元数据为档案著录时进行高度概括能表现档案相关特征的数据，如主题词等。在档案信息检索时，检索的信息来源主要为元数据，而主题词等一些元数据很少进行著录，因此所检索的元数据类型十分受限，常用的以题名为主。一般情况下，由于题名反映的是档案的主体内容，并不涉及内容的细微之处，当需求涉及细微之处时，反馈的结果往往难如人意。在此条件下，元数据的著录并不能满足所有的需求，所以有必要对档案的全文内容进行索引，并提取相关内容信息。在数据挖掘的前期准备中，文本的分词具有至关重要的作用，是数据挖掘的一个基础，分词过程所产生的相关词能够作为索引的一部分，组成档案检索的信息来源。

（三）数据挖掘能够使档案内容经过整合，从多种维度来综合展现档案的内容

在档案利用方面，当前主要是以目的为导向进行利用，档案工作者或档案管理系统通过利用者的目的提供相应档案。这种利用形式是在目的与档案间建立单一的联系，当用户的目的单一，表述明确，不涉及范围时，现有的方案能够满足用户的需求。但是，当用户的需求不涉及具体某一档案，而是需要某类档案时，这种方案并不能起到很好的作用，原因在于档案主题与档案之间没有建立起多重联系，如果能够将档案与主题联系起来，就能够解决许多麻烦。[①]由于经历长时

---

① 赵惠芹.大数据分析技术在企业档案管理中的应用 [J].办公室业务，2022（09）：128-130.

间的积累，部门机构的档案不在少数，以人工的方式来完成这一任务显然不可行，但依靠数据挖掘技术能较为容易地完成这个事情，相关人员只要辅助参与即可。档案数据挖掘除了能够将档案与其主题相联系起来，还能将档案的其他属性与档案建立联系，主题只是档案的其中一个属性，其他的属性如类别、价值等都能与档案建立起联系，从多种维度来综合展现档案的内容。

（四）数据挖掘能够使档案鉴定更加科学规范

档案鉴定中的为何鉴定、为谁鉴定、谁来鉴定、如何鉴定等问题一直困扰着众多档案工作者，各个方面都颇有争议。在鉴定目的上，实体馆藏数量与库房容量的冲突和档案利用是主要的两个原因。前者是推动传统档案鉴定的直接诱因，档案数据挖掘立足于数字档案，其存储依赖于计算机存储设备，理论上可实现海量存储。[①]因此，实体馆藏基本上对档案鉴定没有直接影响，档案利用才是档案鉴定的主要目的。目前，针对档案鉴定的人员主要有行政官员、文书工作者和档案工作者这三类，鉴定的过程也紧紧围绕公开、现实意义等展开，具体如何鉴定并没有统一的看法，仍存在一定的争议。综合来看，最好的决策是弱化传统档案鉴定的结果，由相关人员以评级的方式进行处理。针对传统的纸质档案，这种方法具有非常高的成本，但在电子文件方面，则并不难实现。在档案鉴定的前期，只须利用部分档案作为训练样本，由不同的人员根据不同的鉴定原则筛选出相关档案，之后在数据挖掘过程中，由计算机根据这些档案的特点对日后需要鉴定的档案进行自主处理即可，为保证结果的科学合理性，也可由相关人员辅助参与，完成档案的鉴定工作。

第三节　区块链技术在档案管理工作中的应用

区块链技术被认为可以创造颠覆式创新模式，其引发技术革新和产业变革的巨大潜力已引起各个国家和国际组织的高度关注。目前，区块链的应用已延伸到金融业、智能制造、政务管理、交通、公共设施、通信与媒体等多个领域。

---

① 姚翠艳. 数据挖掘技术在档案管理系统中的应用 [J]. 黑龙江档案，2021（04）：172–173.

一、区块链的技术概述

（一）区块链技术起源于演进

区块链技术，作为当今科技领域的一大热点，其起源和演进历程颇具传奇色彩。这一技术起源于人类对货币形式的不断探索与创新，经历了从物物交换到数字货币的漫长历程，最终诞生了基于区块链技术的比特币，从而引发了全球范围内的技术革新和产业变革。

在人类社会的早期，人们通过物物交换来满足基本的生活需求。然而，随着交换的复杂性和物品种类的增多，人们逐渐发现需要一种通用物品作为交换媒介，这就是货币的雏形。从最初的石头、贝壳到金属货币，再到纸币的出现，货币的形式不断演变，但其核心功能——作为价值交换的媒介始终未变。

随着全球化的推进和科技的进步，传统的货币体系逐渐暴露出一些问题。金属货币的流通性差和磨损问题，以及纸币发行对黄金储备的依赖，都限制了货币体系的进一步发展。特别是进入20世纪后，随着电子支付技术的兴起，人们开始寻求更加便捷、安全的支付方式。

电子支付的中心化特征使其在面对复杂的网络环境时显得力不从心。此时，密码学技术和互联网技术的结合为数字货币的诞生提供了可能。

2008年，中本聪发布了比特币白皮书《比特币：一个点对点的电子现金系统》，标志着区块链技术的诞生。比特币的设计巧妙地解决了数字货币发展中的三大难点：重复支付问题、依赖第三方中心问题与发行量控制问题。通过采用点对点技术、去中心化交易和密码学加密等手段，比特币实现了不需要金融机构参与的安全、高效、去中心化的价值交换。

比特币的成功运行不仅证明了区块链技术的可行性和优越性，也激发了全球范围内对区块链技术的广泛关注和深入研究。如今，区块链技术已经应用于金融、智能制造、政务管理、交通、公共设施、通信与媒体等多个领域，展现出巨大的潜力和广阔的前景。

回顾区块链技术的起源与演进历程，我们可以看到这一技术的诞生并非一蹴而就，而是经历了漫长的探索和创新过程。从物物交换到数字货币的产生，再到比特币的诞生和区块链技术的广泛应用，每一步都凝聚着无数人的智慧和努力。未来，随着技术的不断进步和应用场景的不断拓展，区块链技术必将在推动全球经济发展和社会进步中发挥更加重要的作用。

（二）区块链的类型

根据区块链的开放程度，可以将区块链分为公有链、联盟链和私有链。但随着区块链技术的快速发展，各种类型的链之间的界限也将变得模糊，特别是随着节点上所运行的智能合约所包含的业务逻辑越来越复杂，私有链上的部分节点必须对外开放才能执行完整的业务逻辑，而部分共识及记账节点则会仅向许可节点开放保证效率和可控性，各种链之间的业务界限会逐渐模糊。三种区块链之间的对比见表5-1。

表5-1　三种区块链的对比

	公有链	联盟链	私有链
参与者	任何人	授权的公司和组织	个体或一个公司内
记账人	任何人	参与者协调授权控制	自定
信任机制	工作量证明等	集体背书	自行背书
中心化程度	去中心化	多中心化	中心化
突出优势	信用的自建立	效率、成本优化	透明、可追溯
典型应用场景承载能力	比特币 7～1000次/秒	清算 1000次/秒以上	审计 1000次/秒以上

（三）区块链技术特点

目前，区块链在世界范围内的应用已步入3.0时代，即区块链已经由数字货币加密技术推广到对互联网中数据价值的识别、认定、分配和存储，这也使得"数据"背后所代表的资产能够在区块链内被交易或者控制。[①]

狭义上讲，区块链的本质是一种特殊的数据结构，其核心特征在于去中心化、开放性、不可篡改性、自治性。

---

① 顾伟.区块链在电子档案管理中的关键技术问题研究[J/OL].山西档案：1-7[2022-07-31].

第一，区块链的核心——分布式算法和存储不依赖于中心化的硬件或管理机构，在区块链中的所有节点的权限和义务都是对等的，同时每个结果也能够参与到数据的记录和维护中，这就区别于传统数据结构中对"中心"的依赖，从而实现点对点的数据传输和实时的数据记录，其效率更高、速度更快。同时，传统硬件体系和数据结构中如果"中心"的网络或硬件遭受攻击（无论是链路层还是物理层），都将直接影响整个系统的正常运转，特别是对于档案管理来说，一旦遭受到攻击，那么所有档案数据都面临着损坏或者丢失的风险，这种系统性瘫痪所带来的损失是不可估量的。而借助区块链的分布式算法，单一节点的失效并不会影响到其他节点，这就在提升工作效率的同时保障了档案安全。

第二，区块链拥有较传统数据结构更加开放的工作环境。在区块链最初应用的领域数字加密货币中，区块链的核心技术之一就是公开且透明的交易信息。一般情况下，在区块链内产生、流转和存储的信息是对所有节点用户开放的，其高度的透明化也使得区块内的所有人都能够查看数据所有相关信息的同时使用其应用。因此，区块链技术在信息共享与数据交换领域具有天然优势。

第三，去中心化和开放性会带来新的信息安全问题。而区块链的非对称加密、工作量识别等技术则可以较好地解决该风险。相较于传统数据存储模式，区块链的数据通常都是永久保存的，其增减删改等操作不能只通过某一节点进行，而是需要超过50%节点的共同授权才能完成，因此区块链具有极佳的稳定性和容错率。

第四，区块链的自治性实际上是智能合约技术的体现。区块链3.0的技术优势还体现在"智能合约"。智能合约的优势在于能够在节点通过统一的规范或者协议，对信息的产生、存储和交易行为进行约束，从而创造出一个公信力强的系统环节，让所有参与节点都能够自由地在其中交换和共享数据，这有利于区块链技术应用于更广阔的领域。

二、区块链在档案管理中的主要应用

（一）多节点工作，去中心化存储

目前，随着数字档案建设的持续推进，档案管理部门也面临着巨大的存储压力，特别是对于高分辨率的图片和视频，中心化的存储方式汇集了所有档案资源，导致存储成本居高不下。借助区块链的分布式账本，档案管理部门能够构建起多主体参与、信息对称的档案治理格局，档案的产生者同时也成为档案的记录者，不仅有利于档案的直接利用，同时也能够有效提高信息查询与检索效率。

（二）非对称加密，强化信息安全

新技术的应用使得电子档案的内容生产与管理环境、归档材料的完整性（包括元数据在内）以及知识产权面临的安全威胁更加多样，而区块链具有的时间戳和非对称加密技术则能够有效提升档案的安全性。其中，时间戳能够完整记录档案的任何操作，包括移动、删减和查询。正如上文所说，区块链是一个开放且透明的系统，运用时间戳后我们得以看到档案流转的全部明细，能够有效防止档案归档与管理过程中因人工失误所导致的信息安全风险。非对称加密能够有效提高用户端的信息安全水平，它需要两个密钥来进行加密和解密，无须同步密钥且算法强度复杂，大大提高了档案服务与利用过程中的安全性。

（三）共识机制，提高管理效率

去中心化的存储模式，档案收集与管理、档案管理与利用需要多主体、多部门的共同参与，这也给档案部门的管理能力提出更高要求。传统管理模式下，对工作量的监控是十分低效的，同时也难以实现实时对档案规范和标准进行监管。借助共识机制，我们可以完成各个节点之间的互信，实现数据等方面的交互，节点可以基于某种信任达成协作，更好地开展档案管理。

三、区块链在档案管理中的应用路径

（一）档案收集与归档阶段

在档案收集与归档阶段，区块链的主要作用是借助智能合约和非对称加密技术捕获真实且完整的档案数据。首先，根据链内形成的统一智能合约和档案数据标准与规范尽可能多地收集元数据信息，并进行自动化的初步鉴定，排除重复和无价值的档案内容；其次，对于有价值的信息，由相应部门应用非对称加密技术获得公钥并进行加密，并提出存储需求；最后，将整合好的档案数据借助共识机制保存到区块中，这便是一次完整的数据采集流程。采集时，要确保所有的档案数据都通过区块链完成，以实现每个节点都能够完整地记录和查阅采集过程。在这一阶段，档案管理部门应参考档案管理与利用需求多元化的趋势，充分整合原生电子档案和传统档案的数字化产品。档案管理部门应事先编制好档案的收集范围与标准，考虑到区块链的技术特征，在多节点共同参与记录时提供同一模板和标准，强调数据的标准化、规范化。此外，还要进一步探索区块链的应用前景，不断探索其与档案管理领域的契合点，遵循差异化、层次化的原则，同时也要考虑到信息技术更新迭代可能带来的新的问题，采用量化评价的方式对区块链的应用及成效进行预测，为后续新技术的部署和应用提供参考。

（二）档案流转与管理阶段

档案流转与管理阶段的关键在于保障档案的安全性，这一阶段涉及的主要技术是数字签名和加密算法。档案管理部门一方面要做好档案基础信息安全保障，主要针对区块链环境下线上操作系统中的档案编辑工作站、元数据数据库、密钥数据库、规则数据库和高分辨率电子档案存储等核心环节进行防护，其工作重点包括两个方面。一是防止数据的丢失和损毁，针对此类问题主要采用数据备份技术。对电子档案的数据备份应采用异地备份方式，当下较为主流的是采用云存储，确保数据的永久保存。二是防止数据被窃取。在上述的风险识别与应对中，除一般的档案编辑工作站其余所有数据库中的数据都处于加密状态。因此对电子档案编辑工作应采用全面的数据标记，确保数据在可控范围内。与此同时，档案管理部门还应进一步完善权限机制，根据档案价值的大小、利用需求和使用场所将访问用户分为系统管理员、档案管理员、一般用户和禁止访问等几类，并根据用户的调用、查阅、流转等操作进行权限匹配。除此之外，档案数据的流转还应推动各类数据与管理平台的共享共建，进一步完善档案资源异地备份模式，对相关存储标准进行更新，共同构建区块链应用的长效机制。

（三）档案利用与服务阶段

档案利用与服务阶段应基于区块链的技术特征创新档案利用服务方式。

1. 可借助区块链的多节点工作模式实现节点间的配合与数据挖掘

在多链配合的基础上，应用智能合约和工作量识别机制，整合全渠道的信息资源，构建面向区块链的档案信息资源平台。平台中除了集成档案资源外，还应提供档案的过程信息，如版本号、时间、操作管理员等，借助共识机制实现集中管理、集中开发，形成完备的数据库，集成检索服务，构建一站式的服务平台。

2. 借助区块链去中心化的特点构建个性化的档案服务方式

具体而言，提供模块化的服务功能，用户可根据个人需求在区块链上的各个服务节点查询和获取信息，这就改变了传统档案的中心服务模式，用户与档案资源直接的距离进一步缩短，点对点的利用方式也有助于提高档案利用率，化解传统模式下的信息孤单难题，构建出多主体参与的协同服务模式。

第四节 智慧时代电子档案管理系统的构建

一、智慧时代电子档案管理系统的基本特征

在智慧时代实现对电子档案管理系统模式的构建，就要科学分析电子档案管理的基本特征，掌握电子档案管理系统对档案管理工作开展提出的基本要求。智慧时代重视利用"互联网＋"技术，强调对智慧化服务的结合，以便促进档案管理工作的有效开展。通常来说，智慧时代电子档案管理系统的基本特征包括以下方面：

（一）档案信息采集智能化

以往的纸质化档案管理通常依靠人工进行，缺乏电子形式和其他形态，所以总体的档案管理效率较为低下。而在智慧时代，传统的档案管理逐渐被电子档案管理所代替，除了原有的传统纸质档案以外，逐渐衍生出数字化的电子文档，成为档案管理的主角。电子档案主要包括的形态有电子文档、音频、视频等资料，电子档案管理系统的利用，能够有效对各种信息化资源进行挖掘，实现对档案信

息的收集，加强对档案信息的深度处理，档案信息采集的智能化已经成为现阶段档案管理系统中的一个显著特点。

（二）档案管理智能化

在智慧时代，档案管理工作的开展都是在档案管理平台基础上进行，其主要优势体现在四个方面：首先，在信息采集过程中，能够实现对电子档案的全面收集和记录；其次，文件在转化为档案后，能够有效实现对档案的盘点，保证对档案的有效分类和统计；再次，进行档案调阅的过程中，可以及时对档案建设的范围进行查阅，实现对档案查阅人员的控制；最后，通过档案管理平台的利用，可以实现对档案信息的深度挖掘，保证档案的利用效率提升，平台还可以在一定程度上实现对档案保存环境、温湿度的控制，使档案的保存更加长久。

（三）档案服务的智能化

在智慧时代，档案服务变得更加智能，不仅可以有效实现档案信息收集智能化，还能够实现档案服务智能化。首先，智能化平台的构建能够更加方便对档案内容、档案实体和档案管理信息等有效对接，能够实现档案信息和客户之间的沟通与交流；其次，电子档案管理中，对于任何档案管理的产品和信息都可以在最短的时间内获取，保证信息档案的快速高效性，便于实现对档案的查阅和收集，实现对档案资源的充分挖掘；最后，能够有效地实现对档案管理和服务信息的反馈，及时实现对档案数据的分析，将用户的需求摸清，便于提供更好的档案管理服务，实现对档案信息的有效管理。

二、智慧时代电子档案管理系统作用分析

（一）促进管理标准化

传统档案的管理模式，缺乏一定的规范性，使最终档案管理成果及效果与国家规定的标准之间存在着一定偏差，不利于档案管理工作效能及品质的全面提升。而电子档案因其形成格式上的标准化，能够在先进信息技术手段的支撑下构建更规范的管理体系，保证管理系统所设置的内容、结构及服务功能等方面表现

更加理想，所存储的档案信息在要素组成和覆盖范围上更规范，切实满足新时代档案管理的实际要求。

（二）提高管理实时性

新时代档案管理在实时性上具有较高要求，相关单位需要根据自身的实际发展需求构建即时性、动态化的管理体系，以便于档案资源的收集和档案业务的拓展，充分发挥档案数据在单位战略统筹方面所具有的支撑作用。而电子档案的产生主要依托于先进的信息技术，其本身就具有智能化和自动化特征，能够自动分拣、提炼需要保存的重要档案信息，并在智能技术支撑下进行统计分析，及时发现业务拓展和实际运营中的风险隐患，以便管理人员对其管理模式和实施方法进行优化调整。

（三）强化管理精准性

以人工为主导的传统档案管理模式具有一定的桎梏性，比如人为判断或人工操作失误，而导致档案保存期限或档案内容出现偏差，降低档案的精准性。而电子档案的应用能够有效规避这一障碍，管理人员可以借助先进的技术手段，对档案信息进行全面梳理，并通过智能评估与分析，精准判断档案信息所隐含的价值和作用，有针对性地对档案进行收集整理保存，并及时发现和诊断隐含的风险隐患，达到依据标准有效管理档案的目的。

（四）提高管理执行性

传统的管理模式在工作效能上相对比较低下，这对于档案管理事业的深入发展是十分不利的。而电子技术的衍生与推广能够有效改善这一现象，管理人员能够有效依托智能化的技术手段对复杂、丰富的档案信息进行智能整理，借助录入、识别、分类等功能实现科学管理。这样不仅能够显著提高整体的管理效能，而且也能够有效缓解管理人员在档案管理工作范畴中所面临的工作压力。同时，在智能化载体的支撑下，能够实现档案管理环境的优化建设，以保证档案信息的存储更加安全，管理品质更高。

（五）促进资源共享化

电子档案主要以信息化载体为依托，所具有的资源共享功能比较突出。在电子档案管理过程中，可以借助现代技术平台构建资源共享中心，实现档案信息资源共享互通，扩大档案的使用范围和利用价值。因此，相关单位需要进一步规范信息共享的执行路径，优化管理举措，以便将电子档案的作用和价值有效地发挥出来。

三、智慧时代档案管理工作中存在的问题

（一）专业电子档案管理人才缺乏

智慧时代电子档案管理系统对于人才具有较大的需求，然而受传统档案管理观念的影响，档案管理系统部门普遍存在高素质的复合型人才较为稀缺的问题。现有的管理人员对于计算机技能的掌握较弱，因此对于电子档案信息的处理缺乏专业性，导致档案管理的准确性大打折扣。部分档案管理人员为兼职，缺乏专业的档案管理知识和技能，单位也未予以重视，缺少相关技能和职业培训。

（二）档案管理工作缺乏规范性

单位对档案管理工作不够重视，管理人员未意识到档案管理工作对部门及社会发展的重要性，档案管理工作缺乏规范性。具体到电子档案管理工作开展中，档案管理人员对档案处理缺乏先进的信息档案管理技术和手段支持，导致不少档案资料疏于管理，极易损坏丢失。档案管理缺乏健全机制，没有完善的管理机制提供保证，不利于电子档案管理规范性提升。

（三）档案管理方法落后

虽然许多企事业单位的电子档案管理意识提升，逐步建立电子档案管理系统，但是部分单位在档案管理建设上流于形式，不重视管理方式的更新和管理人员的技能培养，档案管理人员不能娴熟运用新系统，往往使电子档案管理系统成为摆设。其主要体现在三个方面：首先，档案管理人员对于档案信息的采集依然

利用传统方式，无法保证档案信息质量；其次，缺乏深度挖掘，工作人员没有及时学习新系统管理方式，导致系统和人员配合程度不高；最后，综合性电子档案管理平台搭建效率不高，无法满足群众对档案服务的需求。

四、智慧时代电子档案管理系统的构建策略

在智慧时代加强对电子档案管理系统的构建，需要充分考虑档案管理的多种功能，使其能够满足对档案资料收集、整理、统计和查阅等需求，提升电子档案管理数字化水平。总体而言，电子档案管理系统包括档案业务管理、信息管理、系统维护等，其中档案业务管理就是数字化档案管理的核心，其主要的功能模块设计的内容包括案卷管理、材料管理和任前审核等。

（一）档案案卷管理

档案的案卷管理是档案系统业务处理的关键模块，主要用于对整个档案的日常管理中，功能包括对档案的转入、转出、查阅和借阅等，档案的转入主要用于接收外部的档案，提升档案管理水平。所以，电子档案管理中首先要做的就是由送档人将"档案"和"转递登记表"等送到接收单位，由接收单位对档案进行接收。整个接收的过程中，档案管理人员应该详细根据相关档案管理规定进行。档案接收后，档案管理人员应该对照"转递登记表"，详细对档案进行核对。在审核完成后，方可在"转递登记表"中签字盖章，然后将回执单返回，将收到的档案纳入相关程序中入库存放。而档案转出业务就是将企事业单位的档案移交到相关部门，在进行转出的时候，档案系统应该详细对转出的情况进行登记。对于档案的利用，应该详细登记借阅人、利用人等信息，登记其档案使用意图，通过填写"查借阅档案审批表"内容，完成档案的利用，在完成审批后，方可真实地进行档案借阅。借阅人员需要在规定的时间范围内实现档案归还，如果档案到期没有归还，电子档案信息管理系统应该及时自动提醒。在档案案卷管理中，主要利用的方式包括两种，分别是档案的查询、统计。档案查询就是对档案的利用状态进行查询，主要包含的内容为在库情况查询、接收未入库情况查询等。电子档案管理系统的构建，能够有效地满足对档案资料分类查询的需求，档案使用者可以

通过电子档案管理系统对每个人的情况进行查阅，便于对档案的有效使用。档案统计是利用电子档案管理系统实现对档案的鉴别、归档、转出等，以便根据实际的档案管理业务需要，灵活构建电子档案统计方案，完成对电子档案的统计。

（二）档案材料管理

电子档案管理需要根据档案管理实际，完成对档案管理目录的编辑，从而有效实现对材料的转入和转出等操作，对于档案材料的收集和鉴别等，也是电子档案管理的重要内容。在档案材料接收后，需要对材料进行科学鉴别，根据其类型分为入档和不可入档材料。对于可以入档的材料在归档后，要将材料纳入档案中，利用系统自动对档案目录进行调整；对于不可入档的材料，可以将其转入"待处理"材料。

（三）电子档案的审核

电子档案管理中业务的审核是十分关键的环节。一般来说，档案审核业务包括三项功能：任前审核、档案审核、统计功能。任前审核就是对打算任用人员的情况进行审核，根据实际情况将其拟成相关统计表，如果这个过程中审核人员已经被任用，信息系统会在数据库中进行人员的增添。档案审核是为了更好地保证当前所管材料的完整性，对其涉及的手续进行审核，在系统中形成登记表。在统计功能利用的过程中，可以有针对性地对各项统计情况进行观察，包括电子档案材料统计变化、提拔情况统计和审核数量统计等。

（四）制定完善的电子档案管理标准

为了保证电子档案管理系统的稳定运行，须加强对相关管理标准的制定，通过合理的制度和保障机制，提升电子档案的管理水平。具体可以做到两点：首先，积极地构建完善的信息化标准体系，完善档案采集、整理和安全规范等环节，制定统一的电子档案管理格式标准；其次，严格根据实际的档案管理情况，构建数字化管理规范，完善和健全数字化档案管理制度，促进各种工作机制的完善，保证电子档案管理标准的流畅运行。

（五）加强电子档案管理系统设施建设

电子档案管理系统的高效运行需要软硬件设施做支撑，更需要高素质档案管理人才队伍参与建设发展。为了更好完善软硬件设施建设要做到两方面：首先，要加大对电子档案管理的投资力度，购置必需的计算机和服务器等设施；其次，要积极开发利用电子档案管理软件，实现电子管理软件的科学高效利用，通过专业人才团队培养建设，不断提升档案管理工作的效率。

第六章　财务档案管理创新与内控优化研究

第一节　财务档案的多样性表现

财务档案作为企事业单位经营活动的历史纪录，其多样性不仅体现在档案类型的繁多上，更在于其内容的丰富性和复杂性。这种多样性不仅为企业的财务管理提供了全面而细致的信息支持，同时也对财务档案的管理提出了更高的要求。

首先，从档案类型来看，财务档案涵盖了从原始凭证到最终报表的完整财务流程。这些档案包括但不限于五方面。①财务报销原始凭证。这是财务档案中最基础、最原始的部分，记录了企业每一笔经济业务的详细情况，如发票、收据、合同等。这些原始凭证是财务核算和审计的重要依据。②会计出入账账簿。计账簿是记录企业经济业务发生和变化的连续、系统、全面的簿籍，是编制会计报表的依据。它包括总账、明细账、日记账等，反映了企业资产、负债、所有者权益、收入、费用和利润等会计要素的增减变动情况。③财务月、季、年报表。财务报表是反映企业财务状况、经营成果和现金流量的重要文件，包括资产负债表、利润表、现金流量表等。这些报表是企业管理层决策的重要依据，也是外部投资者、债权人等了解企业财务状况的主要途径。④银行结算单。银行结算单是企业与银行之间进行资金结算的凭证，记录了企业与银行之间的资金往来情况，是企业财务活动的重要记录。⑤重大工程项目收支会计档案。对于涉及重大工程项目的企业，其工程项目收支会计档案尤为重要。这些档案详细记录了工程项目的资金来源、使用情况及结算情况等，为工程项目的财务管理提供了重要支持。除了上述主要类型的财务档案外，还有一些其他重要的会计核算相关资料需要保存，如会计政策、会计估计变更记录、会计差错更正记录等。这些资料对于了解企业的会计政策选择、会计处理方法及会计信息的真实性等具有重要意义。

其次，从内容来看，财务档案还具有高度的复杂性和多样性。这是因为企业的经济活动涉及多个方面，如采购、销售、生产、投资等，每个方面都会产生大量的财务数据和信息。这些数据和信息不仅数量庞大，而且种类繁多，包括货币性信息和非货币性信息、历史信息和未来信息等。这些信息需要通过财务档案进行记录和保存，以便为企业管理和决策提供全面而准确的信息支持。

此外，财务档案还具有高度的保密性，因为财务档案中包含了企业的商业秘密和敏感信息，如客户资料、供应商信息、产品价格等。这些信息一旦泄露，将可能对企业造成严重的损失。因此，对财务档案的管理必须严格遵守保密规定，确保档案信息的安全和完整。

第二节　财务档案管理的原则及技术要点

一、财务档案管理应遵循的原则

财务档案管理是企业管理中至关重要的一个环节，它关系到企业的经济效益、法律合规以及未来决策的准确性。因此，财务档案管理应遵循以下原则：

（一）系统性原则

系统性原则要求财务档案管理必须按照会计资料的形成规律，保持其内在的逻辑性和连贯性。这意味着在归档整理过程中，要充分考虑会计资料之间的内在联系，避免信息断裂或重复。同时，系统性原则也强调了对财务档案进行整体规划和统一管理的重要性，以确保财务信息的全面性和一致性。

（二）完整性原则

完整性原则要求财务档案管理必须保证会计资料的完整性，不得遗漏或篡改任何信息。在归档整理过程中，要仔细检查每一份会计资料，确保其完整无缺。对于缺失的资料，要及时查找并补充完整。此外，完整性原则还强调了对财务档案进行定期检查和核对的重要性，以确保档案信息的准确性和可靠性。

（三）安全性原则

安全性原则是财务档案管理中不可忽视的重要原则。由于财务档案中包含了企业的商业秘密和敏感信息，因此，必须采取严密的安全措施，确保档案信息的保密性和安全性。这包括建立严格的档案借阅制度，加强档案存储环境的监控和防护，定期进行档案备份和恢复等。同时，对于违反安全规定的行为，要依法依规进行严肃处理。

（四）可追溯性原则

可追溯性原则要求财务档案管理必须能够清晰地追溯每一笔经济业务的来源和去向。这有助于企业及时发现和纠正错误，保障企业的合法权益。在归档整理过程中，要详细记录每一份会计资料的来源、内容和处理过程，确保每一笔经济业务都能够被准确地追溯和查询。

（五）规范性原则

规范性原则要求财务档案管理必须遵循国家法律法规和相关制度规定，确保档案管理的合法性和规范性。在归档整理过程中，要严格按照会计制度和档案管理制度的要求进行操作，确保档案信息的真实性和合规性。同时，对于不符合规定的档案，要及时进行整改和完善。

（六）效率性原则

效率性原则要求财务档案管理必须注重提高工作效率，确保档案管理的及时性和有效性。在归档整理过程中，要合理安排工作时间和人员分工，采用先进的档案管理技术和手段，提高档案管理的自动化和智能化水平。同时，要加强档案管理人员的培训和教育，提高其业务素质和工作能力，确保档案管理工作的高效运行。

结合以上原则，财务部门在归档整理财务档案时，应遵循系统性、完整性、安全性、可追溯性、规范性和效率性的要求，确保财务档案管理的科学性和有效性。同时，在实际工作中，还要根据企业的实际情况和需要，不断完善和调整档案管理的原则与方法，以适应企业发展的需要。

二、规范财务档案管理的有效策略

（一）严格财务档案管理执行力度

首先，要完善档案管理制度建设和修订工作。强化对档案信息系统的安全保护，根据工作实际制定完善的操作规程，操作流程应简洁明了，切实符合工作需求，随着经济体制改革的不断发展，对不符合工作实际的相关制度要及时进行修订与完善。其次，建立档案工作领导小组，企事业单位一把手要亲自落实和督办，成立由单位一把手负总责，各部门主要负责人分级落实的工作链条，形成上下协调、齐抓共管的长效管理机制。增强安全生产防范意识，针对档案内部管理环境定期进行消防应急演练，以此增强档案管理人员的责任意识，提升档案管理员果断处理突发事件的应变能力。此外，领导小组成员将在组长、副组长的安排指导下定期或不定期组织人员对日常归档业务及安全生产等情况进行检查，督促相关科室按照时间节点办理归档手续。

（二）创建有利于档案资料存放的内部环境

档案室内温湿度的控制是保障档案科学存放的重要指标之一，这一点往往容易被大家所忽视，温度高、湿度小则直接导致纸质文件发黄易碎，相反，室内温度低、湿度大，纸质资料极易产生霉斑、变质，同样不利于资料的保管。因此，通过对档案室内温湿度的合理控制保障室内环境温度适宜是科学管理的关键环节。首先，每日对档案室进行卫生清洁，保持通风透气且避免紫外线照射。其次，通过温湿度计量器对室内环境进行监测并逐日记录温湿度信息，受季节影响室内温湿度不符合要求时，应当及时通风并通过加湿器进行有效调控，而今后，温湿度由人工数据监测向智能化转型也将会成为档案科学管理的必然趋势。

（三）完善档案管理硬件设施建设

财务档案存放保管必备的硬件设施包括独立的档案室、档案存放密集架、保密柜、消磁柜、电脑、复印机、碎纸机、灭火器以及必要的监控设施等。档案室须配置安全防盗门，窗户要配备防盗安全护栏，屋内配备灭火器、干燥剂、防虫、防鼠药剂，通过以上措施达到防火、防潮、防鼠、防盗的目的。首先档案室内防爆照明设备的安装与使用，既是档案存放的必备装置之一，也是安全生产中至关重要的关键环节，防爆灯的使用能够有效地避免因电路老化、照明设备接触不良而引发的火灾。其次，档案室内监控设备的安装与使用是防止档案丢失、实时监测档案室内动态环境的重要辅助设备，档案室内监控设备应当24小时启动，特别是在重大节日前，要对监控设备进行安全检查，确保在节假日期间设备能够正常运行。所以完善档案室硬件设施建设，有利于档案管理人员对原始资料进行合理的归集整理以及跟踪保护，避免档案资料遭受自然因素破坏以及在借阅、传递、复印环节中造成人为原因的破坏，在档案管理过程当中避免因借阅、流转所造成的资料丢失、涂改、折损等情况的发生。

（四）严格电子档案信息软件与载体的安全防护

电子档案信息的存储与管理是档案管理的重要组成部分。第一，建立完善的档案信息安全防护体系，选用优质电子档案信息载体，电子媒介质量的好坏直接影响档案的使用和贮藏寿命。第二，加强网络安全管理，利用防火墙及其杀毒软件有效保证网络安全。第三，严格控制紫外线的射入，避免由于强光直射对电子档案信息载体产生的危害。第四，定期对杀毒软件进行升级，定期修补计算机漏洞，以保障计算机的信息安全。第五，对档案软件管理系统进行定期升级与维护，确保系统信息录入、数据管理、档案统计、档案利用等各项功能能够正常运行。第六，为了防止单位磁介质档案资料产生退磁、霉变、锈蚀等情况的发生，需要定期对磁盘、录像带、移动磁盘等重要的磁介质档案资料进行消磁处理，达到有效阻止外界磁场、湿气入侵的目的。

（五）优化财务档案管理人员的岗位配置

在财务档案管理工作中要做到六方面：一是档案管理员要定期参加业务培训，将各年度继续教育的学习作为能力提升的主要途径，切实提升档案人员的管理水平；二是不断强化档案人员的政治素养及风险意识保、密意识；三是提升档案人员的业务能力，档案管理人员要具备较强的业务能力、良好的工作态度、较强的工作责任心，作风严谨、求真务实；四是能够熟练地操作档案管理应用系统，对财务档案有清晰认识，并且能够熟悉财务档案归档相关事项；五是档案管理人员能够熟练地掌握灭火器的操作方法并按照安全生产责任要求参加每年一度的消防应急演练；六是档案管理人员应当具备一定的协调应变能力，积极推进与地方档案管理部门的协同配合，便于及时掌握最新档案管理相关政策，切实将档案管理各环节工作做细坐实。

三、严格财务档案保存、借阅、销毁流程

（一）财务档案归档前保存

一般情况下，企事业单位对当年形成的各类原始账簿、财务报表、分析报告等会计资料，待年度终了后，由财务部门按照档案管理要求对各类财务账簿装订打印成册，由本部门指定会计人员统一集中管理，原则上自行保管期为一年，待第二个会计年度终了后，由财务部门将整理完备的原始资料进行清点排序，根据归档流程对财务部门移交的各类原始资料进行归集整理、查阅立卷，编制会计档案保管清册（注：出纳人员不得兼管会计档案），编制财务档案移交清册后移交档案管理部门。

（二）财务档案借阅管理

为了保护档案资料的真实完整，杜绝原始资料泄密或者丢失等情况的发生，非财务人员不得查阅会计档案，如有特殊需要借用、查阅或复制，须由借阅人书面提出申请经单位主要领导签批，填写档案查阅表，明确查阅时间、查阅事由后方可办理。借用、查阅、复制等事项均应在档案室内完成，原则上档案原始资料均不得离开档案室，查阅、复制完成后由档案管理员及时归档。财务人员查阅常规档案，按照借阅管理规定如实填写档案查阅、借阅登记表后即可办理，对涉及重大资金收支、往来款项，以及基建项目资金的账目查阅，借阅前须经科室主要负责人及分管领导书面签批后方可办理借阅手续。此外，对借阅时间较长未能归还的档案，管理员应当适时询问原因，督促借阅人及时归还。

（三）财务档案销毁流程

单位应当定期对已经达到保管期限的财务档案进行鉴定，按照档案类别编制鉴定意见书。档案的鉴定是会计档案销毁前至关重要的一环，经过鉴定，已经达

到保管期限但仍须保存的重要财务资料，应当对其单独立卷，视财务资料的重要程度对保管期限重新划定，同时应当在财务档案销毁清册和财务档案保管清册中列明。对已经达到保存期限，经过鉴定确定无保存价值的财务档案，则按照销毁规定程序办理销毁手续。电子档案的销毁程序须符合国家相关法律法规，由单位档案管理机构、会计管理机构、信息系统管理机构共同派出指定人员进行监销。

第一，通过档案销毁鉴定完成后，由档案管理部门制定编制销毁清册，销毁清册的编制要做到具体完整，逐项注明档案名称、装订册数、序列卷号、起止年份、保管期限以及销毁时间等内容。

第二，单位主要负责人、档案管理分管领导、单位财务管理负责人、档案管理员均需要在财务档案销毁清册上签署意见。

第三，财务档案保管部门、财务部门共同向当地档案管理部门书面提出档案销毁申请，经过当地档案管理部门批准后方可执行后续销毁手续。

第四，档案监销人员应当在财务档案销毁前，按照销毁清册中所列明的内容逐一清点仔细核对后方可销毁，档案资料销毁后由监销人员在档案销毁清册上签字盖章，同时将销毁流程以及监销等情况向单位主要负责人报告。

第三节　"互联网+"助力财务档案管理创新

信息技术的飞速发展对企业财务档案的管理起着重要的作用，特别是对于解决目前财务档案中存在的突出问题，在"互联网+"的应用上取得了新的突破。目前，我国一些企业已经认识到财务档案管理的重要性，但仍需要完善财务档案信息的管理，才能实现更大的新突破。

一、互联网技术带给财务档案管理的变化

（一）提高管理效率

在互联网技术的背景下，大数据搜索变得更加方便，输入数据后，可以找到相应的内容。通过输入相应的年份或账户分类，可以从财务档案中提取信息，过滤出特定财务档案的原始记录。基于互联网技术的优势和企业的效率，企业可

以在局域网上生成网页，然后根据企业局域网平台实时更新财务数据和相关财务档案。

（二）提高数据准确性

互联网技术也可以根据财务管理的需要对数据进行更新和分类，对财务档案进行人工管理可能会降低工作的准确性，而互联网信息技术不仅可以提高数据的准确性，还可以提供有效的数据支持。信息技术可以通过项目准备建立财务档案数据库，利用现有信息和数据进行自动分类、自动记录和分类管理，实现数据的规范化管理。在现有的财务档案管理中，可以根据数据库的相关要求进行信息录入，在一定程度上保证财务档案数据的可靠性和准确性。

（三）摆脱工作地点与内容的限制

在"互联网+"的技术背景下，财务档案管理的工作场所和内容更加开放和拓展，在工作场所，只要有网络环境，财务档案就可以在任何地方查看和分类，不需要保存纸质记录，大大方便了操作。同时，在数据云中心设置密码也可以保证财务档案的安全性。此外，通过大数据与云计算的融合，可以实现对电子财务档案的科学合理管理。

（四）减轻员工的负担

在成本管理方面，利用互联网技术进行财务记录管理具有独特的优势。电子财务记录不仅节省了纸张成本和纸张资源，也大大减轻了财务会计的计算负担，因为大量的数据处理工作是由计算机自动完成的。

二、财务档案管理常见的问题

（一）管理理念陈旧

互联网的应用和普及冲击了传统的财务档案管理，但其管理理念并没有跟上互联网时代的步伐。过时的管理理念不利于互联网环境下财务档案管理的发展，特别是政府机构对互联网技术的接受度较低，管理理念落后。一些政府机关、事业单位的管理者往往只注重财务档案的管理，而不把财务档案放在一起，导致相关财务数据难以查找，造成管理混乱，信息处理严重不足，财务档案停留在原始文件上，不利于工作的开展和工作效率的提高。另外，一些组织不重视软件系统的维护和存储，导致系统升级失败，无法引用财务数据，或者由于业务失误导致数据丢失，对财务记录的管理产生了重大影响。

（二）管理制度不完善

财务档案管理的和谐发展需要完善的制度保障，完善的管理制度可以有效提高工作效率，方便财务记录的收集和整理，减少时间的浪费，有助于减少人力物力的投入，但就目前情况来看，各类财务档案管理制度都存在缺陷，迫切需要建立和完善。

（三）管理手段和技术水平低

在互联网上，社会各界积极利用互联网技术的发展趋势，通过先进的技术手段，提高工作效率，优化工作方法。然而，一些权威机构并没有合理利用各种先进的互联网技术，管理现代化水平低，不利于财务档案管理的创新与发展。例如目前许多机构仍然采用最基本的手工核算方法，不但工作缓慢，而且无法进行方便快捷的数字化管理。一些机构虽然对财务档案的设备和技术进行了管理，但仍然比较落后，财务档案的管理不能跟上时代的步伐。

三、"互联网+"时代的财务档案管理策略

（一）树立信息化财务档案管理理念

与传统的纸质财务记录管理相比，信息化财务记录管理可以对所有的信息和文件进行统一的记录与备份，防止数据丢失，保证数据的完整性。此外，获取财务记录信息不受空间和时间的限制，统一的数据管理促进了记录的交换和共享，大大提高了数据的利用率。要提高财务档案管理质量，单位必须转变管理观念，实现财务档案管理电算化，加强管理人员的电算化管理观念。单位负责人必须了解信息技术，认识到信息技术可以提高财务记录管理的效率；同时，还应注意发

展财务档案管理信息化和数据库，逐步实现财务档案管理信息化。

（二）创建信息化财务档案管理制度

第一，要明确财务档案的信息受理程序，确保财务档案管理的专业化、统一性和规范性，包括档案的使用、参考、转移、归档、整理，优化资源配置，降低管理成本。

第二，档案必须按照规定的方式保存，统一管理、录入和处理。根据档案的内容，确认财务报表等文档时，文本文件可以是docx格式，图像文件可以是PDF格式，表单文件可以是xlsx格式。

第三，明确电子档案的规章制度。目前，我国关于纸质档案的法律法规要求各单位根据实际需要制定科学合理的信息档案管理制度，如有效规范财务档案的管理等。

第四，建立健全岗位管理制度，优化档案管理奖惩机制，有效规范管理者的行为和态度，建立健全管理制度，提高管理的安全性和效率。

（三）提升管理人员专业素质

目前，一些单位的财务记录管理者对信息的利用能力相对较低，使得他们对信息利用难度较大，财务记录自动化的好处没有得到充分利用。单位领导要重视人才培养，建设一支素质更高、档次更高、能力更强的现代财务档案管理队伍，单位可以定期进行专业培训，确保财务档案管理者掌握信息管理的内容和程序，控制相关设备的使用。同时，公司可以吸收高度专业、高价值的财务管理人员，并根据档案管理的需要提供技术培训。此外，各单位还可以聘请专家向员工介绍自己的工作经验，将培训效果与员工绩效挂钩，从根本上提高员工的道德素质、信息技术、业务技能。

（四）加强信息管理平台建设

在"互联网+"背景下，企业财务档案管理必须向信息化方向发展，在信息管理平台建设上取得新的突破，这就要求企业不仅要加大对财务档案信息设备的投入，还要加大财务档案管理过程中的信息投入，从而突破财务档案软件建设的瓶颈，为促进财务档案信息的管理和应用创造有利条件。在建设财务档案信息管理平台的过程中，要有效地将管理与应用结合起来，发挥大数据收集和分析功能，为企业决策创造有利条件，对促进财务记录的科学应用具有重要价值。

（五）优化财务档案管理信息系统

在"互联网+"时代，财务档案管理要认识到使用现代信息设备管理财务档案的好处，鼓励有关工作人员在其工作中使用现代信息设备。实际上，管理者可以增加资金投入，购买先进的信息设备，为财务管理提供物质支持。在采购设备时，一定要注意与档案管理员沟通，确保采购的设备能够满足实际管理需求。此外，单位必须建立安全保障制度，确保财务档案管理的安全。在互联网时代，电子财务档案可以带来极大的便利，但由于互联网上的木马病毒，很容易导致财务档案在传输过程中被破坏和泄露。因此，单位必须增强安全意识，采取安全防护和应急措施。

第一，在实践中充分利用电子水印、数字加密等技术来保证财务档案管理的安全性。

第二，财务档案管理者应增强公众的网络安全意识，严格遵守相关程序，禁止使用外部设备，防止人为因素破坏电子财务档案。在工作中，利用云技术对电子档案进行自动备份，以避免信息传输过程中的丢失和损坏。

第三，定期更新设备的杀毒软件，检测和杀死木马病毒。

第四，建立电子档案阅览系统，重点推进单位内部网络安全。

（六）提高财务档案管理网络意识

随着互联网信息技术的快速发展，新的技术和方法层出不穷，然而，大多数的财务档案管理理念仍处于传统阶段。因此，为了适应当时的发展形势，有必要提高对财务档案网络化管理的认识。

首先，作为领导，应该提高对网络和信息的认识，在概念上制定相应的制度，提高利用网络创新财务档案管理的能力，从而完善系统。

其次，各部门工作人员，特别是财务管理部门的工作人员，要根据提高工作效率和优化工作方法的目标，建立高度的问责制，积极接受和吸收信息技术。

（七）加强财务记录的保密管理措施

互联网信息技术给财务记录的管理带来了巨大的好处，同时，由于互联网环境复杂，信息量大，财务档案在互联网上存在被泄露、被盗的风险，利用互联网技术对财务文件进行管理时，要特别注意档案保密性，在财务档案系统的整个过程中要建立高度的保密性。

第四节　财务共享中心建设下财务档案管理内控优化

一、财务共享中心的建设背景

财务档案是企业财务工作的真实记录，也是企业经营和资金活动的客观凭证，作为企业审慎程度高的专业性档案，是企业的核心部门与战略资源，也是企业转型升级和变革的排头兵与示范点。近年来，建设企业财务共享中心，实现财务集中管理成为财务部门受益信息化建设的一种创新实践，得到越来越多大中型企业的认可。这种创新实践主要有以下三方面的大背景：

（一）数字经济浪潮

数字经济时代下，企业生产经营规模化、市场竞争非对称化、业务流程再造的高频化迫使企业开始重新审视自身占有的各类资源条件，为追求高水平、高质量、可持续的发展，信息数据资源被作为"第五生产要素"得到越来越多企业的认可与重视，成为谋求竞争优势和市场地位而进行改革创新的主要工具和路径。数字经济转型浪潮已成为各类企业经营管理高质量发展和转型升级的焦点，企业档案作为企业信息资源的聚合，除凭证价值外，其决策咨询、知识价值依托专业的信息能力得到开发，逐步成为企业构建差异化竞争优势的利器。

（二）财务档案信息化先发优势

1. 财务档案标准化程度高

财务档案不仅在制度规范上健全、严谨、系统，其业务流程和信息格式上也延续着自成体系的格式规范，相比其他类型的企业档案，其在档案真实性、完整性、格式标准性、信息规范性等特征上具备优势。传统的纸质财务档案管理受限于保管、环境、人力和保存技术等方面的影响不仅保管难度大，而且在作为凭证进行调用查阅时耗时耗力、效率低下，从会计电算化开始到ERP、KIS、IMS等专门信息系统再到OA等平台级工作站，财务部门的信息化经常走在企业前列，取得了显著成果，奠定其在信息化、数字化建设浪潮下的先发优势。

2. 职级与事权优势

财务部门在中后台职能部门中长期居于核心位置，不仅有专岗专人负责会计数据的汇编、审核，而且定期上会企业管理层的经营决策讨论，相关会计数据的变动和具体数值是事关企业经营发展的重大问题。这种高事权、高职级的禀赋决定了涉及财务工作改革的重要性、优先性和谨慎性，无论是在资源分配还是改革执行力上都有许多优势条件，也更容易得到企业上下的一致重视，这对长期处于职级和事权不利地位的档案业务部门来讲，具有重要的先发优势：一方面改革创新的阻力小；另一方面这种高事权、高职级带来的工作负荷重，迫切需要信息技术来推动财务工作降本增效。

（三）工作重心的转移

近年来，企业财务工作逐步走向专深化、精细化的发展模式，其财务事权逐步从放权、属地模式逐级向总部收拢，这既是企业强化内控、风险管理的必然需要，也是企业提高资金利用率、控制财务费用的有效举措。财务事权逐级收拢不仅影响着企业各级财务人员组织的架构、编制和分工，更影响着企业财务的业务流、信息流、凭证流走向"中心—分布式"的结构，这对财务工作的调整优化是巨大挑战。由于财务工作的目标与需求明确，应对挑战的阻力相对较小、业务团队的执行力更高，而与财务管理相关的涉档业务也应正视主体业务模式的变化，积极寻求改革创新，找准财务档案工作在数字经济时代下企业内的价值与地位。

二、财务共享中心模式对财务档案工作的影响

（一）财务共享中心特征

财务共享中心（FSSC）模式是财务职能扁平化、集中式管理的组织模式，

是将大量日常重复性的财务核算事项、标准化业务流程、支付等满足远程支持条件的财务工作归总纳入财务共享中心业务范畴中；对于具有明显属地特征、现场支持等限制类业务则原地不动，并与财务共享中心建立档案信息流的沟通机制。作为现代财务与信息技术的融合创新，财务共享中心并不是简单的、重复性的事务性财务工作加总，在降本增效之外，作为重要的数据中心，在辅助决策等知识服务方面有巨大的潜力，而这种巨大的潜力空间正对低效、存在感低的财务档案业务产生深刻的影响。

（二）财务共享中心的积极影响

1. 夯实财务核心职能

财务共享中心一方面实现高效、高质量财务核算、报表编制、企业会计制度、财务监督和风控等基础职能的发挥，另一方面，能在企业经营决策层面实现数据分析输出和参考咨询，并能统筹企业资金资源的分配以面向更广泛的基层业务部门提供财务支持，实现业务财务、共享财务和战略财务多职能的落地实现，提升企业财务工作的专业度，夯实其作为企业经营决策中心的地位。

2. 提高财务工作效能

通过财务共享中心建设，对企业财务及各业务线工作效能的提升是多方面的：一是实现在线提单，提升业务效率及质量，高度信息化的平台，能减少人力资源压力、减费降本；二是通过平台级的业务系统网络实现查重、验真、保存，有效杜绝了财务造假风险；三是借助自动化、智能化的平台系统降低内控管理的工作量，保障财务档案数据的实时性、真实性、标准性；四是通过标准规范的统一，实现业务流程标准化和透明可查，推动企业财务工作走向规范化、精细化，以更高的业务效能助力企业生产经营管理的转型升级。

3. 扩展财务咨询能力

由于财务数据的集中沉淀处理，使财务共享中心在完成事务性的交易、支付等基础职能外，还逐步扩展为企业数据中心、知识中心与业务创新中心，能更便利地对海量财务数据进行深度加工，建立分析模型，在预算、成本费用、绩效多方面高效辅助企业的经营管理决策，还能通过丰富多元的可视化工具与智能化测算技术，提高管理决策的精度和准确性。

（三）财务共享中心的负面影响

1. 业务流程重构风险

一方面是财务档案双套制与单套制冲突。2016年新出台的《会计档案管理办法》明确了电子会计档案的同等效力，但在企业的具体业务环节上，出于审慎经营和风险管理等多方面因素考虑仍然会倾向于重视纸质凭证，双套制与单套制的你来我往反映的是财务档案数据仍然在权威性、合规性上略逊一筹。

另一方面，财务共享中心的成立使得原属各核算主体的综合会计业务人员重新分化为共享财务与业务财务，这就导致在具体工作范围和职能界定上常因分工问题导致交叉重复劳动、臃肿冗余和数据噪声，不仅正常的财务档案业务受到影响，档案业务只能被逐步边缘化；档案工作还会被这些噪声冗余牵着鼻子走，逐步丧失业务主动权。

2. 制度查漏补缺任务重

企业竞争环境变化快，财务工作长期超负荷运作下，审慎稳健成为财务工作的基本准则，而近年来，涉及档案政策、规划均迎来重大更新，无论是公共领域档案还是行业性专业档案工作均迎来改革创新的历史机遇期，与财务档案工作相关的制度、办法、岗位职责等规定在面对新环境的适用性上存在更新不及时、完备性不足的问题，例如财务档案保管、编研业务的事权归属和分工问题，财务档案信息安全与道德风险问题，财务档案系统数据迁移问题等。制度建设空白和查漏补缺的问题一方面是经济社会高速数字化进程与企业制度建设上路径依赖之间的矛盾，另一方面反映的也是人对于数字经济、财务档案数字化建设等新理念上学习能力、专业技能、认知水平、价值观等方面的不足。

3. 软硬件与业务系统衔接不畅

经历会计电算化和企业信息化建设，作为核心职能的财务部门在信息化软硬件基础设施上取得显著进步，业务与沟通效率极大改善，但信息化基础设施性能发挥不完整，在具体业务的衔接上仍存在不畅：一是不少信息系统功能并不适配企业财务工作的特点，实用性大打折扣；二是出于成本和周期考虑，外购第三方系统是企业首选，以致后期更新维护长期受制于人，缺乏自主性，企业内生性的信息化能力提升十分有限；三是大搞技术崇拜，大力推行数字化系统的同时全面否定传统人工、纸质财务工作传统经验。以上衔接不畅的问题使得财务共享中心不仅没有减小人工工作量，反而投入更多人力进行数据维护和人工审核，效率不升反降。

三、财务档案改革优化的必要性

财务共享中心建设是顺应数字经济挑战和信息数据成为企业"生产要素"理念而形成的发展共识和应对举措，在增效、降本、信息资源开发等多方面带来显著改善。但必须清醒地认识到数字经济高速迭代下带来的负效应：信息安全、信息霸权、信息分化等问题也伴生出现。作为企业财务信息的记录凭证和财务活动的真实记录，财务档案工作的成效是企业财务工作的一面镜子，直观反映财务工作的精细度和风险控制的水平。财务档案业务必须顺应财务共享中心新模式对传统财务档案业务带来的影响冲击，重视其带来的积极变化并正视其对财务档案职能、架构、流程和人员的潜在冲击，客观评估企业财务档案业务条件，集中优势力量开展财务档案的内控优化应当是当前财务档案工作的重点任务之一。

四、财务档案内控优化的重点任务

财务档案内控优化的目的既是保障财务共享中心功能高效运作，从而支持企业生产经营管理和高质量发展目标实现，也是财务档案工作自身应对数字经济挑战，实现转型升级来强化自身在企业变革中的职能地位；内控优化的基本内容包括对企业环境、业务流、信息流、风险识别等层面，具体对策上主要分为"简化"和"强化"两种手段。

（一）优化业务架构和流程

针对财务共享中心模式导致业务财务与共享财务之间存在涉档工作重复劳动的情况，内控优化的首要步骤即财务档案组织架构和业务流程上的改进调整，具体包括以下三点：

1. 简化组织架构

财务工作涵盖业务面广且全，新设财务共享中心后，部分岗位层级和业务手续变烦琐，在财务系统平台加持下，容易产生信息冗余，极大影响归档效率和时效性，需要从信息中心视角重新审视和涉档工作的组织架构，减少沟通层级，确保归档的时效性。

2. 简化业务动线

财务共享中心分布式的组织架构决定了更高频、更复杂的财务信息流交互网络，减少不必要的信息流动线，从而使财务档案信息的传递、归档和递送动线更明确、更简洁，减少产生的数据冗余，减轻人机工作负荷，实现业务流、影像流、实物流的三流合并，达到简化业务动线、提升档案工作效率的目的。

3. 科学规划、稳步推进

企业财务共享中心模式在长期实践探索下，架构模式已经相对成熟，但企业财务工作变化快、细节多，在具体业务层面仍有磨合、适配的过程。财务档案的优化进程也应该与中心建设进度相匹配，至少要经过试点、验证和推广与"高效业务＋信息化""业务融合＋平台化""决策支持＋智能化"三个不同发展阶段，不冒进、不过度追逐创新，始终以适配企业财务共享中心建设进度为改革优化的落脚点。

（二）优化档案数据体系

在信息系统方面，由于企业在进行统一门户OA或平台建设，出于成本考虑多采用打通接口的方式，部分功能系统延续原有使用部门的架构，财务信息在跨系统迁移、维护、校验和沟通上存在协同困难、数据冗余多等问题。因此，减少冗余和噪声，优化财务档案数据体系至少要做好以下两点工作：

1. 加强财务档案信息闭环

基于企业历史原因和发展考虑，各独立核算主体纳入财务共享中心的进度有先有后，相关财务档案既有当期资源也还有历史存档遗留问题，企业财务档案并未像财务共享中心架构一样形成业务闭环，多套业务体系同步运作的结果多是风险漏洞，应尽快开辟绿色通道，确保新增和变更的独立核算主体财务工作快速纳入财务共享中心闭环中，其对应的财务档案能高效平稳迁移。

2. 优化跨系统接口，推动直联直传

针对财务共享中心建设初期多系统平移而产生的信息交互阻碍需要从数据格式、接口、传输、存储方面统一标准，实现跨系统直联，提高智能化和自动化水平，使原始单据、回单等财务档案凭证能自动回传、鉴定和归档，最后通过角色授权审批来实现平台级的查阅、调用功能。

（三）强化档案数据安全体系

由于财务档案数据的敏感性和经济价值，一旦在关键环节或岗位产生道德风险和数据泄密，会给企业带来难以挽回的损失，因此，强化安全意识，构建档案数据安全体系势在必行。

1. 明奖惩，构建高压监管态势

从制度、组织文化、培训、业务考核多方面宣传数据安全风险意识，强化财务档案数据安全的红线，制定翔实的、覆盖全员的安全奖惩制度，撞线必处罚，有功必奖励；在涉及财务档案安全业务的岗位上要做好人—岗—责的分明统一，部分关键岗位要采用AB角以避免人员的道德风险。

2. 优化日常维护

财务共享中心模式下，信息系统运行的稳定性和安全性事关企业正常运行，需要保持定期高频的系统维护以确保稳定性，并在测试环境下进行功能开发；对于财务档案元数据、主数据要做好物理+虚拟区隔并建设异地灾备确保档案数据的安全。

3. 完善日志监控和权限管理

通过活动日志监控和访问权限控制将业务、时间、人和结果关联起来，并反映终端软硬件的IP/MAC地址和授权，确保风险识别时能够第一时间追溯到具体的岗位人员和业务事件上来，这在安全风险阻隔上能有效挽回企业的损失。

（四）重视档案业务内功

当前信息技术迭代快，不少企业陷入技术性能崇拜，非理性地追逐不适配

企业财务档案工作的软硬件系统或者重硬件、轻业务内功，要想发挥信息技术优势，企业上下员工在对财务共享中心、数字化、档案价值的认知上要加强宣贯、提高重视，打破不懂不会和被动的业务心态；从专业技能和知识背景层面优化人才梯队结构，并通过科学的绩效考核与晋升机制来激发档案业务人员的积极性和创造力，在具体业务实战中磨练内功，以更好匹配财务共享中心的建设和运营。

财务共享中心建设是企业应对数字经济挑战和激烈市场竞争的具体举措，作为财务管理新的组织模式，对传统财务档案业务的冲击在所难免，但这是对企业精细化和高质量发展更高水平的要求，仍是机遇大于挑战。因此，在大力推进企业信息化建设和数字化赋能的进程中，不仅要对企业数字基础设施建设持续投入，还要重视财务档案管理业务内控问题的优化，以更好适配信息化建设，助力企业高质量、可持续发展。

第七章　现代档案管理工作的实践创新研究

第一节　企业档案管理工作的实践创新

一、企业档案的内涵

（一）企业档案概念界定

在我国，企业档案的概念是随着企业档案工作的发展，由技术档案、科技档案等概念演变并逐渐完善而来的，学界学者、企业档案管理者对企业档案的定义并无本质上的分歧，只是在表述上有所差异和出入。按照其来源和特征划分，目前主要有以下两种代表性观点。

1. 法规类文件对企业档案概念的界定

该类定义主要是出于实践中企业档案管理的需要，具有直观、详细、通俗易懂、可操作性强、指导性强等特点。具体而言，主要经历了三个阶段：第一个阶段最早可以追溯到1987年，由国家档案局、国家经委、国家计委联合颁布了《国营企业档案管理暂行规定》，其中将企业档案定义为"企业在各项活动中形成的全部档案的总和"，并进一步指出：企业档案以科学技术档案为构成主体，包括计划统计、经营销售、物资供应、财务管理、劳动工资、教育卫生和党、政、工、团等方面的档案。这是首次明确提出企业档案的概念，顺应了改革开放大背景下综合管理企业生产、经营以及管理活动档案的趋势。第二个阶段是2002年，在我国由计划经济向市场经济的转变中，国家档案局、国家经贸委、国家计委联合颁布了《企业档案管理规定》，将企业档案界定为"企业在生产经营和管理活动中形成的对国家、社会和企业具有保存价值的各种形式的文件材料"。第三个阶段是2009年，国家档案局发布的《企业档案工作规范》指出，"企业档案是指企业在研发、生产、经营和管理活动中形成的有保存价值的各种形式的文件"。

可以看出，《国营企业档案管理暂行规定》对企业档案的界定是以档案作为企业档案的属概念，而《企业档案管理规定》对企业档案的界定则借鉴了学术界对"档案"的定义，以文件材料作为企业档案的属概念，同时强调了企业档案对国家、社会和企业的有用性，开始关注企业档案的社会效益、经济效益以及企业所担负的社会责任，这种与时俱进的变化体现了不同时代背景下对于企业档案认识的变化与进步。与前面所述两种概念相比，《企业档案工作规范》中对企业档案的界定进一步细化了档案的产生领域，强调了对研发类档案的管理，体现了人们对企业档案的认识在不断进步。

2. 学术著作对企业档案概念的界定

该类定义主要是从学术研究的需求出发探讨企业档案的概念，其定义与法规类的定义相比较而言，具有简洁、更加抽象、对企业档案本质的揭示更为深刻等特点。

鉴于本书主要是针对企业档案管理实务的需要而撰写，所以较倾向于可操作性强、指导性强的法规类定义。从通俗易懂、可操作的角度讲，企业档案就是企业在经营管理、生产制造、科学研究等各项职能活动中直接形成的、办理完毕并保存备查的各种文字、图表、声像等不同形式和载体的历史纪录。我们需要掌握以下四个要点：

（1）企业档案是记录企业各项职能活动的

企业档案的形成领域是企业的各项职能活动，它不仅能够呈现企业相关职能活动的成果，而且还能再现企业相关职能活动的全过程。其构成内容涉及管理、财务、宣传、人事等多个方面，具有复杂性和多样性。企业档案所反映的是已经完成的某项活动，而非现行或未来的活动。

（2）企业档案是企业直接形成的

企业档案是在企业各项职能活动中直接形成的记录，也就是说，企业档案是第一手资料，是原始记录，事后撰写的材料不属于档案的范畴。这是企业档案与图书、情报等相区别的重要特点，同时也决定了企业档案具有凭证价值。

（3）企业档案是保存备查的

从文件转化为档案是需要条件的，并非所有的企业文件在办理完毕后都能通过归档转化为企业档案，只有具有保存备查价值的文件才能转化为档案，这也是企业档案区别于其他企业文件的重要特征。

（4）企业档案是多种载体形式的

企业档案的载体形式是多种多样的，除了最常见的纸质档案外，照片、缩微胶片、录音录像、光盘等各种特殊载体形式的记录同样具备转化为企业档案的可能性。另外，证书、印章、奖杯等实物形式的材料也应纳入企业档案的范畴。

（二）企业档案的种类

关于企业档案种类的划分，业界一直没有一个统一的企业档案分类规范，企业依据不同的层次和标准，形成了多种分法。到目前为止，学界与业界达成共识，较常采取的分类是以档案内容为依据。企业档案种类主要可分为以下三种：

1. 按照内容的"分块式"划分法

该种分类是以企业档案的主要内容作为分类依据，主要划分为管理类（文书）档案、科技档案、专业（专门）档案。

（1）管理类（文书）档案

管理类（文书）档案指企业在党、政、工、团和各项行政管理活动中形成的文件材料，其中也包含了属于科技档案范畴的部分档案。具体主要有党务、宣传、工会、行政事务、教育培训、后勤福利等管理活动中形成的档案。

（2）科技档案

科技工作是企业工作的重要组成部分之一，该工作主要包括研发制造产品，科研项目的实验和研究，基建工程中的勘探、设计、施工和竣工验收，设备仪器的购置、安装、运行、维护等。一般而言，科技档案主要指产品、基建、科研及设备四个方面形成的文件材料。

（3）专业（专门）档案

专业（专门）档案是反映专业（专门）领域活动的档案，与管理类档案、科技档案相比具有较强的专业性，如会计档案、干部职工档案等。

该分类法的类目精简，在一定时期内对企业档案的分类发挥了指导性的作用，也体现了人们对于企业档案种类的认识过程。但是，由于历史局限性，没有遵循排他性、同一性的原则，存在着类别之间内容交叉的问题。随着实践的发展，该分类的弊端日益凸显，不再符合企业档案管理实践的需求。

2. "十大类"划分法

国家档案局1991年针对工业企业颁发了《工业企业档案分类试行规则》，改变了以往"分块式"的传统分类。该规则把工业企业档案看作一个整体，对应企业的各项职能，将企业档案划分为十大类：党群工作类、行政管理类、经营管理类、生产技术管理类、产品类、科学技术研究类、基本建设类、设备仪器类、会计档案类、干部职工档案类。

"十大类"分类法较之于"分块式"划分法，在类目上更为详尽，涵盖了一般规模企业的档案种类。然而，对于现代企业或大型综合性企业而言，其管理模式、生产手段、营销方式等发生了很大的变化，其档案新增内容出现无类可归的问题，《工业企业档案分类试行规则》的分类法不再适用。同样，对于小型规模的企业而言，其形成的档案较少，十大类中存在多个类别空缺。

3. 企业类型划分法

该分类法则是以企业的类型作为划分标准，根据企业与社会需求之间的关系，将企业档案划分为制造业企业档案、农业企业档案、流通企业档案、金融企业档案、建筑安装企业档案、交通运输企业档案及邮电通信企业档案等类型。按照企业类型的划分将各类企业的不同特点区分开，考虑到了不同行业档案的特殊性，便于有针对性地开展企业档案工作。

综上所述，企业档案种类的划分，应在借鉴"十大类"划分法、企业类型划分法的基础上，充分考虑企业所属行业的特殊性，以本企业实际产生的档案为对象，根据企业的经营、管理、生产以及内部机构设置等实际情况，遵循企业档案的自身形成规律、保持文件材料之间的有机联系、便于企业档案信息资源开发利用的原则进行分类。

（三）企业档案的性质和作用

企业档案的作用是指企业档案对于人们从事实践活动的影响，是企业档案价值在社会活动中的体现，此处对于企业档案作用的探讨，主要从企业的角度分析企业档案对于企业的作用。《企业档案工作规范》中明确指出："企业档案是企业知识资产和信息资源的重要组成部分。"企业档案是企业各项职能活动的原始记录，是企业活动的真实凭证，包含了企业生产、经营、财务、管理、文化建设等各个方面的内容，因此，其对于企业的影响是多方位、多角度的。具体而言，企业档案的性质和作用可概括为以下四个方面：

1. 企业档案是企业核心竞争力的重要组成部分

从信息管理的角度来看，企业档案记录了企业生产经营活动的成功经验和失败教训，是信息资源的重要组成部分。与企业人力资源、财力资源、技术资源等一样，信息资源也是企业资源中的重要组成部分，因此，企业档案是企业不可或缺的核心竞争力组成部分之一。企业信息包括企业在各项职能活动中形成的各类信息的总和，如图书、资料、新闻、情报、档案等，其中，档案是与企业活动最为息息相关、最真实可靠的信息，能全面反映企业的各项职能活动，其价值在企业信息体系中占据着重要的地位。

2. 企业档案是企业管理的重要工具

企业档案形成于企业各项职能活动中，与此同时，企业档案反过来能够成为企业创新的基础、改善企业管理的工具。企业档案作为管理工具是指在企业生产经营或科研产品开发过程中，与信息、情报、技术等综合发挥作用，影响企业管理决策的过程。例如通过有效利用以往形成的档案，便于企业管理者迅速掌握企业的内部情况（如生产线、技术设备、人才队伍等情况）和外部情况（如同行、同系统、国际等的情况），以以往各类信息作为企业决策的基础，调整企业的生产方向，制订企业的生产计划，在企业内部进行指挥、控制、组织等管理活动。

3. 企业档案是维护企业经济利益和合法权益的有力保证

一方面，借助企业档案能够实现对外生产计划的调整和对内的高效管理，预测未来市场发展趋势，增强企业的市场竞争力；另一方面，由于企业在市场竞争中不可避免地会遇到各种矛盾和纠纷，企业档案保存了大量与企业权益相关的法律凭证性材料，使得企业档案在企业发生经济纠纷事件时成为解决纠纷、维护企业经济利益和合法权益的重要法律凭证与经济技术依据，如销售合同，在企业发生重大事件或经济事故时，能够成为企业维权的有力依据。

4. 企业档案是塑造企业文化的基础

企业文化是企业所信奉并付诸实践的价值理念，企业档案是承载企业文化的重要载体，代表着企业的过去，企业档案能够为企业文化的塑造提供大量丰富的真实资料，在企业文化的塑造中扮演着重要的角色。首先，企业档案的教育宣传功能为企业形象宣传提供最客观的记录，企业档案的凭证价值和参考价值对外可以为人们提供可证明企业信誉的真实记录（如企业的经营业绩、用户反馈资料等）。其次，发挥企业档案的激励功能，对内通过对与企业历史有关的档案进行汇编，可实现企业发展史的生动再现，便于加深员工对于企业发展历程的了解，增强员工对企业的归属感、凝聚力。最后，发挥企业档案的借鉴和参考功能，通过对企业档案的浏览，可总结以往管理中存在的问题、处理方法，汲取经验，为员工创造融洽、轻松的工作氛围。

二、企业档案管理创新策略的重要性

（一）促进档案信息共享

得益于互联网技术的支持，档案管理人员能够对各类档案信息实时动态进行提取、调用、传输、下载及处理。此外，"互联网+"时代下的档案数据也可以进一步实现自动化分类储存，显著提升办公安全性和便捷性，促进传统人工档案管理向信息化模式转变。在这一发展趋势下，企业各管理部门能够打破传统局限于线下的沟通方式，拓展高效共享的线上渠道。可通过互联网技术所具有的实时共享、高交互及远程通信等特点改进档案管理效率，有效支持各部门日常工作的开展。

（二）优化档案处理质量

在档案管理实际工作中，推动数据化、数字化及信息化建设能够显著提高档案信息整合质量与效率，在缩减档案数据处理所需时间的同时，还应尽可能提升数据分析精度，并结合大数据技术、数据探索及智能存储等多种功能不断改进档案管理的数据维护机制，持续矫正工作思路，促进档案处理水平全面提高。

（三）挖掘档案资源价值

在数字化技术快速发展、推广的背景下，人工智能、大数据等高新技术都在档案管理中得到了广泛应用，并持续提供创新空间。[①]一方面，"互联网+"时代下收集信息资源的渠道、形式更为多元化，且其所附属档案信息也更为完整，这也为开发、应用档案信息价值奠定了有力基础；另一方面，"互联网+"时代下档案开发的领域也趋于多元化，这也为档案管理人员带来了更为多样的应用空间，能够在深入剖析档案信息的基础上，有针对性地挖掘其中的重大价值，并以此进行进一步提炼、筛选，拓展档案资源价值维度，凸显档案资源重要性。

三、企业档案管理工作存在的问题

（一）管理理念不完善

对于企业的实际档案管理工作而言，档案数据信息的开发、管理理念应当契合管理部门所建立的科学性、整体性目标，以此确定信息管理体系具有足够的高效性及协同性。但就当前已有的实践调研结果来看，各地档案管理部门虽然已经在管理体系数字化建设中投入大量人力、物力和财力，但由于缺乏正确规范的指导，部分单位仍沿用传统管理机制，使得管理工作欠缺战略性。除此之外，资源开发、整合等环节也存在信息化建设程度不足、数据转化率低下的问题，分级数据库、信息通道及技术标准模块的建设也欠缺统一化尺度，对档案数据综合化管理产生了一定阻碍。

（二）风险抵抗能力弱

信息化技术目前已逐步进入各领域管理工作中，并对提升管理效率、优化管理模式发挥着至关重要的影响。以"互联网+"为例，在相关信息产业深入结合、交融中，逐步形成了现代化网络互联的战略格局。快速变化的外部环境，也会使得档案管理面对更为复杂风险挑战，比如网络数据库缺乏完善防护。

体系可能会导致信息数据泄露并引起难以预估的安全风险；管理团队安全防护意识不足可能会导致管理权限划分不明确、存储设备应用不规范，并间接带来

---

① 周生傲.数字化背景下企业档案管理创新研究 [J].科技资讯，2023，21（06）：220-224.

信息管理风险。同时，部分管理人员未能深刻认识信息技术变革对于管理工作的影响，沿用传统管理技术或档案管理操作不熟练，埋下潜在安全风险。档案管理是构建信息化管理体系的基础，需要管理人员定期排查网络风险，为档案管理构筑可靠的保护屏障。

（三）管理团队专业化水平不足

"互联网+"大背景下，档案管理受到多重因素的制约，其中一个主要原因在于当前管理团队普遍存在职业素养不足的问题，对于档案管理缺乏科学、正确的认识与理解，导致信息管理现代化层次严重不足，阻碍企业各项工作的开展。此外，专业能力欠缺也是一类影响档案工作质量的关键因素，并对管理团队结构化建设具有负面影响。对于部分快速发展的企业，其人才选聘、培养体系往往较为完善，为档案信息管理提供稳定支持。

（四）数据中心监管不足

数据共享是新时代下档案管理最为显著的特征，也是影响企业信息处理、应用最为核心的因素。因此，数据监管中应当充分重视数据安全，避免信息泄露、权限不明等问题的发生，降低可能存在的安全管理风险。近些年，伴随大量新型电子产品出现，传统数据监管也逐步被信息化监管技术取代。同时，档案管理机制的快速更迭，也随之产生了大量档案数据及多种数据类型，微缩仪、扫描仪等设备在档案信息共享中也发挥着越来越重要的作用。但就目前实际档案管理工作来看，大部分企业未建立有针对性的数据共享监管手段，其主要原因在于监管设备不齐全，监管技术不适配。此外，档案管理硬件建设也存在诸多不符合实际要求的问题，比如易燃易爆品摆放不当，档案资料密封不好，也会对数据监管制度的落实带来一定不利影响。

四、企业档案管理服务创新策略

（一）改进档案管理理念

信息时代下，大数据、云计算等多种高新技术在社会生产生活的各个领域都得到了充分发展与广泛应用，并深刻影响着行业结构变革、技术更新，其在档案管理中也展现出了独特优势。伴随档案体量、类型的快速增长，档案管理趋向于复杂化、综合化，需要管理人员能够建立正确管理理念，以"互联网+"为基础积极探索用户需求、传播媒介、管理维度，借助各类网络技术搭建创新管理模式。[①]就具体工作来看，管理人员可尝试多种新媒体媒介，推动管理对象向信息化、数据化转型，并通过网络数据完成存储、分析、优化，明确海量数据体的基本特征，基于项目实际条件精细化管理理念。对于传统档案管理而言，其常用管理手段为实体纸质媒介，需要管理人员对海量档案进行收集、筛选、归档、储存及维护。在这一管理模式下，不仅会产生大量枯燥烦琐的人工劳动，同时也会制约管理效率，产生管理风险。"互联网+"时代下，档案管理也面临着更多工作模式转变的契机，各类现代化技术的出现为档案管理提供了可靠的技术路线，有助于打造更为可靠的管理系统，确保各环节都能够满足相应标准要求，使系统内各板块都可以发挥预期作用。总体来看，企业应当充分加强"互联网+"模式在档案管理中的应用层次，并结合实际需求积极引入先进计算机、网络管理技术，以国内外已有成功案例为借鉴，打造具有针对性、适应性的管理理念。

比如，我国某企业顺应"互联网+"时代需求，采取以下措施完善了档案管理模式：由于该企业缺乏档案管理工作经验，因此向主管部门主动申请邀约档案管理专家到场指导工作，以现场教学的方式培养员工专业技能、工作思路，并快速搭建档案管理工作标准流程，补足过往经验不足的缺陷。在培训过程中还设置了考核筛选环节，通过对员工的大量选拔建立专业素养合格、管理理念先进的管理团队。最后，整理、归档过往传统管理模式下所积累的各类纸质材料，全面实现档案管理信息化，形成现代化的管理理念。实践表明，档案管理信息化不仅有助于提升管理效率，同时还可显著提升档案机密性。自该企业推动档案管理信息化开始，建立了记录表日常更新制度，使得历史档案、信息档案能够有效融合，完善"互联网+"时代下的档案管理制度建设。除此之外，该企业还基于档案管理意义展开创新，推动档案管理自线下向线上转变，呈现更为复合化的服务结构。

（二）落实安全防范

当前，数据信息泄露已经成为一类广泛存在的安全问题，尤其是在通信技术

---

① 黄晓燕.大数据背景下机关企业档案管理服务水平提升途径 [J].办公室业务，2021（10）：146-147.

快速发展的大背景下，档案管理所面临的网络安全风险越发突出，亟待优化防范措施来保障档案管理工作的顺利进行。档案管理人员应当充分明确档案安全的意义，在存储各类档案信息时应注意环境安全，保证档案管理室的门窗及时锁闭。同时，在日常档案管理中也应配备一定安保人员驻守、巡场，防止无关人员非法闯入引起资料失窃。管理人员也应当建立良好安全防范意识，保障工作顺利进行的同时，建立尽可能完善、周密的管理制度，并在实际工作中严格落实。企业可通过定期组织安全防范讲座来强化员工安全意识，并培养员工应急处理突发事件的能力。此外，企业也应当根据实际需求制定有针对性的安全管理制度，对于各类安全风险做出明确划分，违反规定的行为也应依规作出处罚。

企业的安全防范管理可具体从以下三个方面入手采取措施：首先管理人员应当厘清档案管理的工作流程及操作原则，并根据档案保密层级划分访问权限，这也是安全防范最为有效的措施之一，这不仅能够预防不法分子侵入档案系统，同时还有助于厘清档案信息结构，形成明确的档案管理体系；其次，防火墙技术也是档案管理安全防范的重要手段，能够在不同网络环境下建立独特防护屏障，避免外部网络对内部信息的访问、修改，营造良好的档案管理条件；最后，企业也应充分发挥病毒防护的作用，通过加装病毒保护软件等方式抵抗外部病毒侵入。①

（三）完善团队管理制度

在"互联网+"时代下，档案管理技术、理念处于不断更新、迭代的过程中，同时也要求人才梯队建设持续创新。档案管理工作的推进依赖于专业化人才的支持，但当前大部分企业存在团队专业水平不足的问题，且人员组成上以刚毕业大学生为主，不具备相关工作经验。针对这一问题，企业就需要积极调整招聘条件，基于业务结构、人员规划制定人员录用制度，加强对专业化人才的引入强度，主要增加具备档案工作经验的管理人员，确保员工入职后能够快速上岗完成既定工作。同时，企业也需要加大对内部管理人员的培训、选拔，可结合行业发展动态设置定制化课程，保障员工能够掌握与档案管理最为契合的先进技术、理念。比如"互联网+"时代下档案管理所应具备的计算机操作、新媒体制作、信息安全管理等知识。通过这一方式，逐步建立起一支素养过硬、经验丰富的专业化档案管理团队。

---

① 刘凤娟.基层公益服务企业档案管理的体会和思考 [J].办公室业务，2020（12）：39-40.

在人员选用环节中，应协调好不同类型人员组成结构，以具备丰富经验的档案管理人才为核心，同时广泛吸收管理学、信息化等多领域的年轻力量，形成复合化、多维度的人才结构。特别地，人员考核标准应将创新性作为重要指标。可在员工考核评价中引入电子码制度，对档案管理人员分配专属编号电子码，并将其与员工绩效、访问权限等相关联，提升员工管理的连续性，并保持独立性、保密性。在员工考核时可调取对应电子码快速检索、查阅员工基本情况，并仅对面试官开放访问权限，以此保证面试公平性，并降低考题泄漏的风险。

（四）健全监管机制

作为档案管理数字化过程中最为关键的环节，搭建共享数据平台能够为平台间交互、运输及共享提供可靠支持，以档案管理人员为导向提供更加便捷高效的信息服务，全面改善企业日常工作的运转时效与管理精度。因此管理部门应当积极推动"互联网+"档案管理间的深度交融，建设动态化、体系化的监管机制。创新管理模式，需要持续完善资源库数据，确保档案内部监管系统可以更加高效地为企业提供服务支持。此外，管理人员也应当注重对纸质档案的确认、查验，根据档案分类设置对应服务端口，便于档案调用过程中的及时查阅。为保障大体量档案管理工作的效率，管理部门应当结合项目实际情况搭建动态化数据监管及追踪机制，以数据平台为基础及时登记并覆盖，为企业财务能力、业务决策等工作提供科学参考。

第二节 医院档案管理工作的实践创新

随着世界经济的飞速发展，医疗保健行业也迎来了前所未有的机遇。然而，由于市场竞争的不断升级，医院所面临的挑战也变得愈加严峻，对其发展构成了极大的考验。因此，档案管理工作必须紧跟时代的潮流，勇于尝试新的方法，努力提升服务质量，才能获得最佳的结果。随着科技的飞速发展，医院档案管理也应该紧跟时代的潮流，积极寻求新的发展方向，开拓出更具前瞻性的档案管理模式。改进医院档案管理是至关重要的，它不仅能够保证科学研究的顺利进行，还能为医院的发展提供宝贵的信息。因此，医院应该积极寻求新的档案管理方法，树立新的档案管理理念，以实现科学化、规范化的档案管理，为医院的长期发展奠定坚实的基础。

一、医院档案管理工作创新的必要性

（一）确保档案管理工作长远发展的必然要求

为了更好地评估医院的发展状况，档案管理的效率显得尤为重要。为了实现这一目标，我们必须不断探索和改进档案管理的方式，培养更多的专业人才，并严格执行相关的法律法规，不断提高档案服务的质量，从而实现现代化、精细化、科学化的档案管理模式。由于医院档案数量的持续增长，日常管理档案的任务变得越来越艰巨。为了解决这一问题，必须采取有效措施，以提高档案管理的质量，降低档案丢失和损毁的风险，并建立完整的档案网络系统。

（二）全面发挥医院档案资料价值的内在要求

随着医疗卫生体制改革的不断深入，档案资源已成为医院工作的重要基础，它不仅能够反映出医院的历史发展，而且还能为日后的管理提供有效的参考。因此，医院应当建立和完善档案管理体系，以确保档案的准确性和完整性，以及能够更好地应对相关主管部门的监督检查，实现规范化、程序化的管理。当前，通过创新的医院档案管理方式，可以更好地管理和利用档案资源，为相关部门提供更加便捷的查询和调档服务，从而确保医院工作的顺利运行。医院档案不仅仅是记录医疗信息的工具，它更是一种文化的象征，可以为医疗机构的发展和改革提供有力的支撑。因此，我们应该加强对档案的管理，以便更有效地利用它们，为医疗机构的发展和改善提供有力的保障。

二、我国医院档案管理工作的现状

（一）对电子信息档案管理的重视度尚需提升

随着时代的快速发展，大数据技术受重视的程度越来越高，因此，大多数医院已经完成了档案的电子信息化建设。目前，一些医院虽然开始使用电子信息档案，但对电子信息档案管理的重视度却比较低，更多还是将工作重心、资源和资金投入医疗卫生事业当中，对于电子信息档案管理方面所投入的资源与资金相对较少，很难完成医院电子信息档案管理工作。电子信息档案管理的高效顺利展开需要不断完善和更新相关软硬件设备设施，但医院相关工作管理实效性较弱，甚至存在流于形式的情况。同时，在现实生活中，各单位电子信息档案管理比较复杂，医院更是如此，涉及的内容更加多样化。因为医院对电子信息档案管理缺乏足够的重视，所以在电子信息档案管理过程中出现问题时，相关管理人员未能制定更为科学、合理的解决措施，导致医院电子信息档案管理工作效率较低。

（二）医院电子信息档案管理体系不够健全

在大数据时代，要想有效提升单位电子信息档案管理质量，实现档案的有效利用，推动档案作用的最大化，医院必须有健全的电子档案信息管理体系。然而，现在很多医院的电子信息档案管理体系还有一定缺陷与不足，各部门间的沟通交流还不够顺畅，导致档案管理人员收集相关信息的难度较高，很容易出现收集不全、错漏乃至信息丢失等情况，阻碍了医院日后溯源、总结分析等工作顺利展开。同时，因为电子信息档案管理体系不健全，无法明确档案管理人员所承担的责任与工作内容，容易发生责任推诿，致使档案管理人员工作态度消极，对工作应付了事。除此之外，在这种情况下，还会给医院电子信息档案管理埋下安全隐患，最终造成电子信息档案管理效果不如预期。

（三）档案管理工作人员的信息技术素养较低

档案管理人员素质对大数据背景下医院电子信息档案管理工作质量有着决定性影响。只有档案管理人员综合素质过硬，才能更好地实现大数据技术、信息技术的有效利用，保证电子信息档案管理能够保质保量展开，最大限度地发挥电子信息档案的作用。但是，目前医院在人才招聘的时候，更多还是以提升医疗服务水平为主要目标来招聘高素质医务人员，对档案管理人员的关注度较低，导致所招聘的档案管理人员信息技术素养较弱。同时，在人才培养方面，医院还是将重心放在了医务人员身上，档案管理人员能够获得的进修学习机会较少，导致他们难以跟上时代发展脚步，未能掌握最先进的信息技术与管理理念。除此之外，由于在医院中受关注度较低，一些档案管理人员自身也出现了懈怠心理，自我学习提升的积极性降低，不会主动总结学习新知识和工作经验。综上，一些医院的档案管理人员信息技术素养较低，很难保证电子信息档案管理工作的质量。

（四）电子信息档案管理的形式比较单一

虽然我国医院在档案管理方面已经基本实现了纸质档案管理模式到电子信息档案管理模式的转变，大幅度减轻了档案管理人员的工作压力，但目前很多医院在开展电子信息档案管理的过程中，所实行的管理形式还比较单一，更多还是依靠人工操作与管理，即档案管理人员在工作过程中需要花费大量的时间和精力展开电子档案信息汇总、录入以及保存。同时，因为医院需要接待大量的病人，每日都会生成大量的病历档案，再加上本院人员自身生成的工作信息，致使档案管理人员每日需要完成的工作任务比较多，导致他们的工作压力较大，产生工作懈怠乃至疏漏的现象，造成电子信息档案管理出现错误或者不全等问题，甚至可能埋下安全隐患。

三、医院档案管理工作创新的策略

（一）完善档案管理基础工作，树立整体思维

档案管理是一个复杂的系统，它不仅涉及信息采集和整理的各个环节，而且还涉及整个医院的档案管理工作。因此，医院应该加强档案基础管理工作，综合考虑各个环节，以确保档案的有效管理。在档案管理方面，采取全方位的措施来收集、整理、汇编各种信息，是至关重要的。为此，我们需要建立完善的档案管理体系，清晰界定收集、归档的内容，细化档案的类别，并且严格执行"资料齐全、应归尽归"的规定，以便更好地完成档案的管理。为了更好地管理档案，我们需要在制度层面做好相关工作。首先，我们需要确定每个环节的职责，以便顺利完成所有的工作。其次，我们需要完善档案库房的管理制度，并在网站上公开这些制度，以便更好地了解档案的保存、使用、转移和处置情况。最后，我们还需要给出明确的指导，以便更好地实现档案的透明化。

（二）加快档案管理设施建设，提升工作效能

为了更加有效地管理各种载体和门类档案，"八防"规定了提高工作效率

的要求，因此，医院应该加大投入，完善档案管理基础设施，以确保档案硬件设施达到"八防"的标准，并配备必要的设备，如计算机、打印机、扫描仪、保密柜、防磁柜、防虫药剂、温湿度计、窗帘、气体灭火器、档案密集架等，以确保档案管理的有效性和安全性。为了提高档案管理的效率和质量，我们应该充分利用信息技术，引入先进的信息管理系统和云储存库，以实现更有效的档案管理。这样，我们才能实现最佳的档案管理效果。

（三）推动档案数字化信息建设，实现技术赋能

为了更有效地管理档案，医院应该大力推进数字化信息建设，将IT应用到各个环节，建立现代化的数据管理平台。通过利用先进的数字压缩、OCR技术和扫描技术，我们可以有效地将传统的纸质档案转变成数字化的形式，从而实现全面的数字化管理体系。基于此，我们可以围绕医院的业务流程，建立全面的数字档案知识库，从而有效地利用档案资源，实现更好的服务效果。通过运用先进的数据挖掘、知识图谱和机器学习技术，我们可以有效地分析和整理医院档案，并且能够有效地构建完整的、有机的、可靠的数据库，从而提升服务质量。

（四）组建业务能力强、综合素质高的专业化档案管理工作团队

随着中国医疗保健事业的飞速发展，人民的健康水平日益提高，将个人健康的相关信息进行分类采集显得尤为重要。在当今的社会，科技的飞速发展使得许多医院都开始使用先进的档案管理系统，对此，档案管理人员的专业能力和综合素养对于保证档案的有效性至关重要。医院在招聘和任命档案管理人员时，应当全面考量，既要求他们拥有深厚的学术功底、熟练的专业技术，又要求他们拥有积极的态度，积极参与档案管理，以提升自身的专业素养，并且拥有良好的职业道德，以便更好地完成职责；同时，应当严格审查招聘过程，以确保招聘到的人员既具备专业素养，又拥有创新思维，以便更好地推动医院档案管理的发展。我们将竭尽全力，为医院的持续健康发展和持续改善作出贡献。

（五）紧跟时代发展潮流，重视档案管理信息化发展，优化软硬件基础设施

档案管理是一项复杂而耗时的任务，它不仅要求医院管理层对此给予充足

的重视，而且还要求各职能科室负责人制定"三纳入"，将档案工作纳入医院的议事日程、规章制度、工作流程以及岗位责任制，以确保档案的长期累积、循序渐进、烦琐、机械地操作，使之在临床治疗中发挥出最大的经济效益。通过将年终考核作为衡量标准，可以更好地促使管理层关注和重视档案。为了进一步提升医护人员的档案意识，医院应定期组织各类档案业务培训，深入研究档案管理理论，举办各类档案管理比赛、科普讲座，并积极宣传档案法律法规，使医护人员能够更全面、准确地认识档案，熟练掌握档案管理技术、方法和原则，从而确保院藏档案的历史价值、重要性和持久性。为了有效地管理档案，我们应当及时完善相关规章制度，建立完善的收集、整理和归档流程，并严格执行各项要求。此外，我们还应当定期向有关部门提交归档范围和当年的归档目录，以便更加有效地实施统一管理。

第三节　教育机构档案管理工作的实践创新

一、中小学档案管理工作规范化创新研究

（一）中小学档案管理工作概述

中小学紧紧围绕教育开展档案管理工作，中小学档案管理工作包含档案收集、档案整理、档案检索、档案保管、档案利用等方面内容。一般而言，中小学档案管理工作具有以下三方面特点：

第一，综合性。中小学档案种类多、内容丰富，需要根据不同档案类别设置不同管理模式，因此具有综合性强的特点。例如中小学可以根据学生成绩设置成绩档案，也可以根据学生身体发育状况设置身体素质档案，等等。

第二，专业性。中小学的核心任务是培育优质人才，学校会形成各类专业档案，比如教学档案、学生管理档案、教师档案等，因此中小学档案管理具有较强的专业性。

第三，原始性。学校档案真实记录教育活动、学生学习等多方面内容，因此具有原始性特点，这也是中小学档案区别于一般图书资料的特点。

（二）中小学档案管理工作存在的问题

1. 档案保管职责不够明确

中小学没有明确档案管理部门职责，缺乏专职工作人员，工作人员没有明确的权责分工，不知晓工作做法，责任心不强，结果在工作中出现相互推诿现象，不利于提高档案管理质量。除此之外，由于分工不够明确，导致一些整理工作长期无人问津，严重影响档案保存质量，使得一些重要资料缺失。

2. 档案收集工作较困难

档案收集工作是学校档案管理工作的基础，也是各项档案资料主要来源途径。虽然各学校都制定了相应的档案管理办法，但是没有明确归档要求、时间和范围等，尤其是各部门教师没有养成档案归档意识，导致出现晚交或者不移交现象，给学校档案收集工作带来难度，同时也给档案管理工作带来压力。[①]学校各部门在工作中形成各种各样的档案。有些部门存在职能交叉情形，如果某一些部门职能发生变化，各类档案就容易混淆，增加了档案收集难度。

3. 档案案卷整理不规范

第一，目录不够准确。文件办理完毕后，档案管理人员都要进行系统性的整理，包括分类、编页、装订、排序、制作便于查询的纸质目录。当前，档案室所储存的档案目录并不完整，同时存在档案案卷整理不准确的现象，影响了档案查询工作的难度。

第二，档案案卷不完整。学校档案来源于教育教学、人事管理、后勤管理等多方面，各类档案详细记录了学校发展历程。但是，一些中小学档案存在案卷不完整现象，有些教师专业档案缺乏个人基本信息，有些缺乏个人专业发展信息，影响整个档案管理质量。

4. 档案利用效率较低

第一，档案结构单一，缺乏吸引力。中小学重视收集教师档案或者学生档案，缺乏实物档案、科研档案，许多档案是以纸质形式存在，缺乏电子档案。目

① 李翠松.中学档案管理数字化建设面临的困境及对策 [J].办公室业务，2019（10）：162-163.

前，中小学档案结构单一，难以满足学校教育教学发展要求，不能够真正体现学校教育教学发展历程，缺乏吸引力。

第二，检索工具单一，使用效率低下。中小学档案室配置了各项信息技术设备，但是由于人员配置不够稳定，也没有培训，不能实现档案信息化管理，检索工作仍然是以手动查询为主，并没有探索信息化检索手段，导致检索效率低下。

（三）中小学档案管理工作存在问题的原因分析

1. 对档案管理工作的重视度不高

第一，领导重视是做好档案工作的前提。学校领导把工作重心集中在教学、招生等方面，思想上对档案工作认识不够，认为档案只是简单的文件储存，并没有充分认识到档案管理的重要性，导致档案管理工作质量不高。

第二，档案管理工作重视程度低，缺乏必要经费。由于档案管理工作并不能给学校带来直接收益，导致学校并不重视档案管理工作。正因如此，绝大部分经费集中在教学管理方面，导致档案管理经费捉襟见肘。比如中小学缺乏专业档案管理人员，档案室硬件设施投入不足，严重影响档案保存质量。[①]

第三，档案管理领导干部责任意识不强。在档案管理中，领导干部是档案管理的绝对核心，也是推动档案管理向前迈进的重要力量，决定了档案管理整体水平的质量。中小学档案管理领导干部虽然认识到档案管理的重要性，但是档案管理领导干部满足于传统档案管理模式，缺乏对新技术的了解，没有体会信息技术给档案管理工作带来的变革，影响中小学档案管理工作。

2. 档案管理机制不够健全

第一，档案管理制度不健全。虽然各学校出台了档案管理办法，但是没有出台档案管理配套制度，没有形成完整的档案管理体系。正因如此，中小学各部门都是自行保管本部门档案，没有专业档案管理人员，缺乏主动归档意识，严重影响学校档案归档。

第二，缺乏考核激励机制。中小学并没有出台档案考核管理办法，也没有定期检查档案管理工作质量。由于缺乏考核管理机制，导致档案管理人员存在得过

---

① 秦晓玲. 中学档案管理工作问题与工作效率提升方式研究 [J]. 科学咨询（教育科研），2019（09）：103.

且过的思想，缺乏进取精神，缺乏工作积极性。

3. 档案管理人员责任心不强

中小学档案管理人员多为退休人员，没有接受过专业档案培训，也不具备档案管理知识。由于这些人员大部分已临近退休年龄，对工作失去热情，工作缺乏责任心。与此同时，由于学校属于事业单位，不会轻易开除工作人员，档案管理岗位缺乏竞争，最终导致档案管理人员责任心不强。

4. 档案资源开发利用力度不够

第一，档案资源开发利用重视不够。档案管理最终目标是利用档案资源，因此档案管理工作人员需要重视档案开发价值。学校档案管理人员更加重视档案管理，忽视档案利用，并没有深入挖掘档案资源，没有充分认识到档案资源的重要性，导致档案资源使用效率不高，没有全面体现档案价值。

第二，档案资源开发利用手段落后。随着信息技术快速发展，档案管理工作由传统纸质管理变成了信息化管理。但是，中小学档案信息化手段落后，很多信息技术没有跟上时代发展潮流，降低了档案开发利用效率。在实际工作中，一些工作人员并不愿意接受信息化档案管理模式，不愿意尝试新技术，导致学校档案资源开发利用手段落后。

（四）中小学档案管理工作规范化创新建议

1. 健全档案管理机制

第一，提高领导重视程度。为了提升学校管理质量，需要提高领导干部对档案管理工作的重视程度，使领导干部将档案管理融入学校发展战略之中，加强统筹部署和规划，提升档案管理工作效能。为此，学校领导不仅仅需要关注学校的升学率，同时还需要关注档案建设，为档案管理工作提供必要的支撑。

第二，加强档案宣传，增强全体师生档案意识。学校需要开展具有特色的档案宣传活动，使广大师生都树立档案管理意识，提升档案管理的地位，为做好档案管理工作营造良好氛围。

第三，健全人员培训机制。为了提升档案管理工作质量，应加强档案管理人员培养，定期开展档案信息化业务培训，加大档案人员业务培训经费投入力度，重视档案工作人员个人职业生涯发展规划，以提升档案管理人员综合素质。

2. 提高档案保管保护水平

第一，不断完善库房设施。学校需要不断完善档案库房设施，严格控制库房湿度、温度，设置自动灭火报警系统，全力消除各种潜在威胁，尽力延长档案寿命。

第二，做好档案信息化设备配置。随着信息时代到来，档案管理也呈现出信息化特点。为了加强档案保管保护，学校需要配置完善的档案信息化设备，例如配置大型复印机、扫描仪、摄像机、刻录机等仪器，以提升档案信息化设施，提高档案保管保护水平。

3. 对纸质档案进行保护

纸质档案对客观环境要求相对较高，因此学校需要构建一个专门用于保存纸质档案的档案室。为了提升纸质档案的保存质量，学校需要控制档案室的温度、湿度，同时还需要做好防火、防虫、防湿，委派专人定期进行维护，以提升档案管理质量。

4. 档案开发利用

为提升档案开发利用程度，学校档案需要加大开放力度，满足全校师生利用档案信息资源的需求，有序推动档案开放进程。与此同时，中小学还需要加强档案编纂工作，把档案信息从以往的静态信息变成动态信息，由传统的服务变成综合性服务，通过信息的采集、加工、整理制成档案信息半成品，使全校师生可以直接获取信息，缩短师生收集信息的时间，以提升师生利用信息的效率。

二、高校档案管理工作实践创新

高校档案记录了学校发展历史以及在长期办学过程中取得的辉煌成就，是学校发展的真实历史纪录，是学校在教育教学、科研、管理等各项工作中各类信息资料的有效记录和汇总。在新时期，高校档案工作面临着许多新情况、新问题和新挑战，需要不断改进现有档案管理模式，进一步创新工作新思路和有效做法，提高档案工作效率和管理水平，以适应时代发展新要求。

（一）高校档案管理工作基本概况

高校档案管理工作是一项重要的基础性工作。高校档案具有类别多样性、内容复杂性和系统性的特点，内容涵盖广泛。《高等学校档案管理办法》明确规定，高校档案是指高等学校从事招生、教学、科研、管理等活动直接形成的对学生、学校和社会有保存价值的各种文字、图表、声像等不同形式、载体的历史纪录。文件材料的归档范围主要包括：党群类、行政类、学生类、教学类、科研类、基本建设类、仪器设备类、产品生产类、出版物类、外事类、财会类以及实物档案等。归档材料包括纸质、电子、照（胶）片、录像（录音）、光盘等各种载体形式。高校档案管理工作主要是对各种文件资料及实物档案进行收集、整理、鉴定、分类、划期编码、编排档号、填写标识、编制目录、软件著录、汇总统计、清点入库、集中统一保管等工作。根据档案的特点和类别，编写档案编研材料，编制检索工具，开发档案信息资源，形成了高校重要的馆藏资源。同时，高校运用丰富的档案资源，积极开展档案开放与查阅利用服务工作，为学校领导决策、工作查考利用、毕业生学历认证等工作提供真实准确的档案依据，发挥档案的参谋与凭证作用。

（二）高校档案管理工作存在的主要问题

1. 档案管理意识不强

高校普遍把教学、科研、学生管理、安全等作为主要工作来抓，而把档案工作列在边缘地带，存在对档案工作重视不够的现象，使档案管理工作具有工作辅助型、幕后服务型的特点。[①]同时，各高校大多采取以部门为单位的立卷归档方式，在材料收集、整理等工作方面也由于认识不同、档案意识薄弱等原因，使得一些重要珍贵的档案资料未能及时收集归档，造成了档案不齐全和缺失现象。

2. 档案管理体制不完善

（1）档案工作组织机构不完善

一些高校在组织机构调整、人员变动等情况下未能及时对档案工作领导小组成员进行变更，档案工作管理网络不健全，不能确保档案工作的完整性和连续性。

---

① 潘悦. 基于科学建档视角下的高校档案管理研究 [J]. 档案天地，2022（12）：42−45.

（2）高校档案管理规章制度及工作职责不明确，不完整

国家对档案工作制定了相关法规和政策，但一些高校并没有结合工作实际建立完整、系统的档案管理制度，不能对档案工作进行有效管理和制约，不能全面实现依法管档、依法治档、依法用档。

3. 档案人才队伍短缺，业务水平不高

（1）档案管理专业人才匮乏

一些高校档案馆工作人员并非由档案专业人员组成，高校招聘几乎很少专门为档案部门招聘人才，专业人才匮乏，且人员年龄梯队不合理。其他部门的兼职档案员主要是由专任教师、行政人员或教辅人员兼任，没有进行档案专业知识培训，使档案管理人员学科认同感和职业认同感普遍较低。同时，兼职档案员人事流动较为频繁，不能确保工作持久性和长期性，无法形成固定化管理体系。

（2）档案管理人员职称晋升渠道不畅通

由于高校对档案工作缺乏足够的重视，对高校档案人员在职称晋升、奖励等方面无政策支持，导致其出现懒散懈怠、态度消极等现象，逐渐停滞了前进步伐，严重影响了档案管理工作的效率和质量。

4. 档案工作资金不足、设备落后

高校由于对档案工作不重视，档案工作配套资金不足，制约了档案工作发展进程。同时，现有的档案管理软件缺乏更新，办公电脑及其他设备更新换代速度慢，很多高校档案工作设备普遍存在陈旧老化、功能不全等问题，无法满足提升档案工作水平需求。老旧设备也可能会造成档案信息无法读取或丢失的严重后果，导致目前档案管理工作已无法满足档案发展及档案信息化工作需要。

5. 档案管理信息化程度不高

在新时期，档案工作已走向数字化、信息化管理方式，但由于高校对档案资金投入不足以及档案设备陈旧落后等原因，使档案数字化以及信息化进程缓慢。一是部分高校由于没有对馆藏档案进行数字化，没有实现通过档案管理软件进行档案检索查阅以及档案信息资源的共享。二是档案利用方式仍采用调取纸质档案为主的传统查阅方式，有些特殊档案在查阅利用时需要多部门领导层层审批才能进行查阅，给档案利用者带来不便，也导致档案利用工作效率不高。三是档案

立卷归档工作仍以纸质材料为主，没有做到纸质档案与电子档案同步归档，增加了电子档案建立的难度。四是档案检索工具的编制不全面、不系统，无法实现高效、快捷检索档案信息。

6. 高校档案管理缺乏特色、宣传不够

档案是高校教育教学、科研及管理全过程的真实记录，是展示高校校园文化精神和独特办学特色的重要载体。由于高校各部门兼职档案员以及师生的档案意识不强，所以未能及时、有针对性地将学校的特色档案资料进行挖掘收集和归整。同时，一些高校的官方网站对档案工作宣传力度不够，高校档案馆网页存在栏目形式单一、内容缺乏创新、网站信息更新不及时现象，没有发挥好档案宣传作用。

7. 高校档案管理理念落后

一些高校档案工作模式以及档案人员的思维还比较落后，把归档材料的收集整理作为重点工作，对一些具有保存和传承价值的档案缺乏深入挖掘与敏锐的鉴别能力，使这些档案无法进入档案馆保存和提供利用。同时，工作方法和思路缺乏创新，未能跟上时代发展步伐，无法推动高校档案事业的发展。

（三）高校档案管理工作创新对策

1. 加强档案工作领导，提高思想认识

高校要加强对档案工作的领导，要将档案工作列入学校重要议事日程和整体发展规划，使档案工作步入常态化。《高等学校档案管理办法》中明确规定，高校档案工作由校长领导，并指派一名副校长分管档案工作。高校应成立由校长任组长，分管副校长及相关部门负责人、档案馆专职人员及各部门兼职档案员组成的档案工作领导小组，负责领导、组织并开展档案管理工作。每年要召开全校档案工作会议，总结部署学校档案工作，促进档案工作与学校其他工作同步发展。

2. 建立完善的档案管理体制

高校应严格贯彻落实《中华人民共和国档案法》以及国家关于档案工作的法律法规和方针政策，并结合学校档案工作实际，建立科学、完善的档案管理制

度，明确档案工作各岗位职责。"制度＋职责"双管齐下，对做好高校档案管理工作起到指导和制约作用，使档案工作有法可依、有章可循。同时，要进一步规范档案管理模式，实行档案集中统一管理，建立统一的归档标准和工作规范，使高校档案工作走上科学化、制度化、规范化轨道。

3. 加强档案工作队伍建设

高校要加强档案工作队伍建设。要选用政治素质高、热爱档案事业、善于钻研学习、业务能力强、具有担当和奉献意识的人员从事档案工作，并要考虑其专业背景、学历水平和年龄结构，以便能够更好更快地开展工作。档案馆人员应积极参加档案业务培训学习，提高档案工作水平和效率。同时，要建立一支兼职档案员队伍，具体做法是：学校各部门负责人为本部门档案工作第一责任人，负责管理、督查部门档案工作，并指派一名业务能力强的人员作为兼职档案员，负责对本部门归档材料进行收集、整理、组卷且并向学校档案馆移交档案。学校档案馆专业人员要定期对兼职档案员进行业务培训和指导，提高兼职档案员的工作能力和案卷整理质量。对特别重要的归档材料，要进行重点跟踪，必要时提前介入和指导催交，确保应归档的材料能够随时收集、及时归档。学校也应给予适当的奖励和政策支持，以激发兼职档案员工作积极性，对做好学校档案工作起到推动和促进作用。

4. 加大档案工作资金和设备投入

高校要将档案工作所需经费列入学校预算，在档案工作专项资金上给予足够投入，保障档案工作能够顺利开展。同时，要对档案工作设备重新进行查验，及时更新，确保档案工作效率和质量。对档案柜、防磁柜、检索柜、档案盒（袋）等装具及耗材要根据需求及时增添，对"八防"设施要定期检查更新，确保档案工作能够安全、顺利、有序开展。

5. 加强档案信息化建设

在新时期，高校档案数字化、信息化是适应时代和社会发展的需要，也是适应高校数字化校园建设的客观需求。档案数字化是综合应用计算机技术、数据库技术的现代化管理模式，能够有效保护档案原件，实现档案准确、方便、快捷检索和利用，方便档案副本异地保存，节省保管空间，并可实现档案信息资源的共享。同时，数字化档案信息资源能为学校领导决策以及教育教学、科研、管理提供便捷服务。

高校要加强档案数字化建设进程，要进一步规范纸质档案与电子档案同步归档工作。要立足本校档案实际情况，科学制定目录数据库结构，建设具有特色的信息数据库。将档案数字化成果与档案管理软件挂接后，能应用计算机技术通过档案软件实现档案快速检索、读取、查阅，提高档案工作效率，为数字档案馆的建设奠定基础。

6. 丰富馆藏，创新特色

目前，高校大多采取档案材料形成单位立卷归档并向学校档案馆移交档案的工作模式。档案馆接收了学校在教育教学、科研、管理等日常工作中形成的有保存和利用价值的各类文件材料，但在材料收集中还要注意专题化、精细化、特色化，比如党史学习教育、精准扶贫、红色档案、疫情防控、媒体宣传报道、学历认证、廉政教育、重大活动、特色办学成果等专题档案。同时，档案馆人员要积极开发档案信息资源，结合学校工作特点和馆藏，编撰反映学校办学特色的档案编研材料，以丰富馆藏资源。

一些高校还建有校史馆，校史馆馆藏是高校最具特色的档案资源。校史馆能记录学校办学历史，展示学校办学成果，传承校园文化精神，彰显学校独特的精神标识和办学特色。校史馆内可以通过图片、展板、沙盘景观、视频、实物等多种形式展示学校的历史渊源、发展脉络、鲜明特色以及深厚的文化底蕴，是留存学校历史、传承校园文化、蕴含人文精神以及对师生进行爱校荣校教育、宣传学校、扩大学校社会影响力的重要载体和平台。高校要充分利用好校史馆这一平台，加大校史资料征集范围和力度。同时，高校要通过学校官方网站、档案馆网站、橱窗、宣传栏或者举办专题讲座和专题报告等多种方式，广泛宣传《档案法》，及时报道学校档案工作亮点，增强师生档案意识，推动学校档案工作的开展。

7. 转变管理理念，用创新思维开展档案工作

高校档案人员要增强工作责任感和使命感，要与时俱进、开拓创新，不断转变管理思路，积极主动用创新思维做好档案管理工作。

（1）创新档案收集方式

高校档案馆要加强与各部门之间的沟通联系，了解其工作内容及归档材料类

别，做好常规材料的收集和归整工作。同时，对特色档案、校史资料等特殊档案材料，要摒弃以往坐等、坐收的工作方式，应主动谋划、主动出击、上门服务，将档案征集工作落到实处。

（2）丰富档案开放利用方式

档案开放与利用是档案管理的一项重要工作。一是为学校发展建设、科学管理和领导决策提供第一手资料与科学依据，对学校发展建设起到积极促进和推动作用。二是为学校工作查考利用提供主要依据，对工作起到参考指导和凭证作用，为现实工作服务。三是为毕业生进行学历认证及学习成绩查询，为他们出具合法、有效的档案依据，准确翔实地提供学生的录取名册、学习成绩及毕业名册等信息，发挥档案的重要凭证作用，体现档案的唯一性和权威性。

档案馆人员要在原有现场查档、来函查档服务模式基础上，不断改革创新，积极拓宽查档方式，对于不能前来学校查档的师生员工、毕业生及社会各界人员，档案馆人员可以采用代为查档方式，通过来函查档、电话咨询查档、微信及QQ群联系查档等多种形式，由档案馆人员代查后通过电话、传真、微信及QQ群上传、快递邮寄等形式将查档结果反馈给利用者，拓宽为群众服务方式，从而满足群众的查档需求。

在新时期，高校档案人员要提高档案意识，加强专业技能学习，不断提升工作能力和管理水平，发挥好档案存史、资政、育人的重要作用。

三、教育考试机构档案管理工作创新探究

（一）做好教育考试机构档案工作的重要意义

1. 做好档案工作是对招生考试事业负责

档案工作的一项重要价值就是实现工作成果的再利用，来年的工作怎样做，在当年闭合的卷宗中已经有所体现，档案可以有效记录工作活动和流程，帮助我们及时总结改进，提升工作品质，提高工作效率，减少工作失误，做到"规范、创新，再规范、再创新"。以某省级教育考试机构为例，2019年负责组织实施行政区域内各类教育考试40余次，试题命制、考务组织、招生录取等重复性常规工作占据全年工作的绝大部分，将常规工作及时建档立卷予以保存，并对发生的

问题进行分析研究、总结经验，可以提高工作效率，提升工作品质，用以更好地指导来年的实践，使干部职工把更多的精力和时间投入对创新性工作的思考与实践中，促进招考事业高质高效发展。

2. 做好档案工作是对社会服务对象负责

在日常招生考试工作中我们离不开对档案的利用，教育考试机构作为面向社会提供招考服务的职能部门，机构职能相对固定，承担着大量与群众生产生活密切相关的社会服务任务。比如高校招生考试录取档案是考生被合法录取的唯一纸质凭证，自考生考籍档案为自考生学业水平的评估提供了重要依据，这些直接关乎每一名考生的切身利益。教育考试机构务必要以对社会服务对象负责的态度充分认识到档案工作的重要性，为考生及家长提供更加优质的服务。

（二）目前教育考试机构档案管理存在的问题

1. 日常立卷意识薄弱

处室干部职工在主观上认为档案工作是档案管理人员的事情，与自身关系不大，没有形成在日常招考工作中对档案材料及时收集整理的意识，对档案工作日常立卷的重要性缺乏清晰的认识，办理完毕的文件没有及时保存，导致后期收集整理文件时不齐全、不完整，档案资源无法有效整合，致使很多有价值的材料无法入卷保管，增加了后期建档立卷的难度。

2. 专业管理人员匮乏

教育考试机构性质均为机关事业单位，定岗定编，编制较为紧张，管理者往往会将有限的人力资源向业务处室倾斜。档案管理工作作为"冷门"，未受到足够重视，除少数单位设置了专职档案管理人员外，大部分单位由兼职档案管理人员负责内部档案管理，且存在过度依赖第三方中介机的现象。但档案管理不是材料的简单收集和保存，具有较强的专业性，对管理人员业务素质要求较高。而兼职档案管理人员往往身兼数职，虽年纪轻，知识层次较高，但未经过正规业务培训，缺乏足够的档案管理知识和相应的招考业务技能，不熟悉单位各业务处室的工作情况及相互联系，无法保证建档质量，难以适应当前教育考试机构档案管理的专业化需要。

3. 信息技术手段欠缺

信息技术手段在档案管理中的有效运用，可以减少不必要的人工操作，能提高档案管理效率。目前许多单位仍采用较为传统的纸质档案管理模式，虽然已经有一些单位开始利用信息化办公系统来管理档案，但信息技术硬件水平相对较弱，大多停留在利用信息技术设备进行档案的录入和检索上，未能实现档案资源的跨部门信息共享，档案管理信息化水平有待提升。

4. 监督考核力度不够

档案工作作为教育考试机构的一项基础性工作，应列入单位日常监督和年度考核，并加以重视。但由于档案工作较为复杂、烦琐，收集周期较长，短期内工作效益较小，各教育考试机构往往更加关注试题命制、考务组织、招生录取、干部人事等高利害工作，对档案工作重视程度不够，各教育考试机构考核评判标准不一，缺乏有效监督管理机制，单凭各处室的自我监督与约束，难以实现考核评价的全面、客观、准确。

（三）改进教育考试机构档案管理的对策

1. 健全日常立卷机制，确保档案管理规范有序

健全日常立卷机制是档案工作的基础前提，是集政策性、原则性、严肃性于一体的重要工作。在完成一项考试项目时及时归纳总结，对需要归档的文件材料及时按要求建档立卷，做到查漏补缺、补齐短板，可以有效减轻年度立卷的压力，为以后的各项招生考试工作打好基础。每名职工在日常工作中，除完成自身本职工作外，都有对所负责的文件材料积累、移交的义务，有序的档案移交标志着一项工作的阶段性结束，但不意味着工作的彻底完成，各项决策、部署、措施和成果都需要后期实践的检验，而日常立卷正是后期实践检验的基础和前提，必须加以重视。

2. 优化人员队伍结构，促进档案管理稳步发展

队伍建设是落实档案工作的关键环节。教育考试机构的档案管理部门要结合

教育招生考试这一职能定位，充分利用高等教育优质资源，加强与高校优质师资的交流合作，定期聘请高校档案专业技术人员对档案管理工作者进行有针对性的技能培训，帮助其及时了解当前档案管理相关政策，提升管理技能，使其能够更快更好地独立开展档案工作。同时要在档案培训的基础上，充实专兼职相互配合的档案管理人员队伍，除档案管理部门专职负责管理本单位档案工作外，由各内设处室建立基层档案室。重要程度高、内容质量好的档案材料由单位档案管理部门统一归口负责，一般工作性资料则由处内基层档案室保存。各处室负责人对所在处室档案工作负总责，同时指定一名年轻同志作为本处室兼职档案员，确保有专人负责处内文件材料的收集、整理和归档工作，通过档案工作实践，实现以老带新、以新促老，确保专兼职档案员密切配合、形成合力，促进档案工作协调有序发展。

3. 加强信息技术建设，带动档案管理效率提升

加强信息技术建设是档案管理的必由之路。档案管理人员不仅应端正档案工作态度，具备管理服务意识与能力，更要掌握现代化建档立卷的方法技术，充分利用先进的技术手段对档案进行现代化管理，强化信息思维，进一步提高信息化履职能力。目前，各省级教育考试机构均设立了信息处，地方教育考试机构也设立了相应的信息技术支撑部门。各单位可以利用好现有信息技术平台优势，加大信息化建设的资金投入，严格按照国家相关技术标准，及时更新换代档案管理的软硬件设备，加快档案信息化管理平台建设，推进档案信息化管理进程，为科学规范做好本单位档案工作提供必要支撑。

4. 完善监督考核机制，推动档案管理制度落实

监督考核是档案管理的重要保障。在加强制度建设、注重日常立卷的同时，也要强化对档案工作的监督。档案管理部门要结合本单位各项招考工作，协助管理者制定相应的考核评价标准和奖罚制度；同时，要及时跟进指导各内设处室的档案工作，确保各处室的档案工作与招生考试业务工作同步协调推进。教育考试机构要将档案工作纳入年度考核内容，选树优秀卷宗和优秀专兼职档案员，交流成果，总结经验，对档案管理规范有序的处室和个人给予表彰与肯定，对档案

管理尚需完善的处室和个人及时指导培训，使档案管理人员在制度规范下积极开展工作，不断提高档案工作质量。加强教育考试机构档案管理，不仅是档案工作本身的需要，也是招考事业发展的需要，更是教育考试机构每一名职工义不容辞的责任。教育考试机构管理者及每一名干部职工都应充分认识到档案工作的重要性，切实提高档案意识，强化工作责任，共同做好档案工作，在单位上下形成推动档案工作高质量发展的合力，为招考事业的发展服务，更好地守望历史、服务社会。

参考文献

[1] 李桃.信息化时代下档案管理服务创新模式探究[J].黑龙江档案，2021（05）：132-133.

[2] 李亚伟.乡村振兴战略背景下主题出版的新探索——以"中国乡存丛书"为例[J].出版广角，2022（09）：67-70.

[3] 计慧娟.信息化时代纪检档案管理模式创新研究[J].档案管理，2020（06）：88-89.

[4] 陈慧琳.信息化时代人事档案管理模式创新路径研究[J].现代国企研究，2019（12）：462.

[5] 江荣.人工智能技术在数字档案室建设中的运用探讨[J].上海房地，2023，（06）：32-34.

[6] 黄金辉，范慧丽，曾欣平.基于人工智能的高校教学档案管理工作探究[J].办公室业务，2023（08）：175-177.

[7] 李晓理，张博，王康，等.人工智能的发展及应用[J].北京工业大学学报，2020（6）：583-590.

[8] 王强，吴志杰.业务系统与档案管理系统归档集成框架：构建与内涵解析[J].档案学通讯，2020（6）：45-53.

[9] 金波，添志鹏.档案数据内涵与特征探析[J].档案学通讯，2020（03）：4-11.

[10]浙江省三项国家档案局科技项目通过专家验收[J].浙江档案，2021（09）：6.

[11]杨智勇，桑梦瑶.数字化转型背景下档案数据治理能力的演进与展望[J].档案与建设，2023（05）：31-34.

[12]聂莹.智能技术在电子档案管理中的应用与实践[J].兰台世界，2023（04）：96-98.

[13]郑颖.人工智能在现代人事档案管理中的应用[J].信息记录材料，2022，23（12）：111-114.

[14] 周林兴，林凯.大数据时代档案数据质量控制：现状、机制与优化路径[J].档案与建设，2022（02）：4-8.

[15] 曾子明，孙守强.智慧图书馆人工智能风险分析与防控[J].图书馆学研究，2020（17）：28-34，15.

[16] 陶飞，刘蔚然，刘检华，等.数字孪生及其应用探索[J].计算机集成制造系统，2018，24（01）：1-18.

[17] 陈斌.上海静安：数字孪生技术在档案库房管理领域中的应用[J].中国档案，2023（07）：30-31.

[18] 杨智勇.ChatGPT火爆背后的冷思考[J].山西档案，2022（06）：1.

[19] 毕敏.数据挖掘技术在智慧档案建设中的作用探讨[J].船舶标准化与质量，2022（02）：41-43，31.

[20] 曾婷，杨帆，王恒.国土规划数字档案资源的数据挖掘与可视化[J].兰台世界，2019（S1）：191-192.

[21] 赵惠芹.大数据分析技术在企业档案管理中的应用[J].办公室业务，2022（09）：128-130.

[22] 姚翠艳.数据挖掘技术在档案管理系统中的应用[J].黑龙江档案，2021（04）：172-173.

[23] 顾伟.区块链在电子档案管理中的关键技术问题研究[J].山西档案，2022（02）：92-97，77.

[24] 周生傲.数字化背景下企业档案管理创新研究[J].科技资讯，2023，21（06）：

[25] 黄晓燕.大数据背景下机关企业档案管理服务水平提升途径[J].办公室业务，2021（10）：146-147.

[26] 刘凤娟.基层公益服务事业单位档案管理的体会和思考[J].办公室业务，2020（12）：39-40.

[27] 李翠松.中学档案管理数字化建设面临的困境及对策[J].办公室业务，2019（10）：162-163.

[28] 秦晓玲.中学档案管理工作问题与工作效率提升方式研究[J].科学咨询（教育科研），2019（09）：103.

[29]潘悦. 基于科学建档视角下的高校档案管理研究 [J]. 档案天地，2022（12）：42-45.

[30]张宁宁.浅论企业电子档案的安全管理问题[J].黑龙江科学，2013（09）：268，247.

[31]王朝阳.档案信息化管理的优势及安全问题[J].华北水利水电学院学报（社科版），2006（01）：29-31.

[32]申新彪.电子档案的安全管理和防护[J].科学之友，2013（01）：76-77.

[33]王元宝，牛景丽.探讨电子档案安全管理与风险管理的现状及应对[J].科技视界，2012（25）：286，367.

[34]娄宇岚.信息化环境下企业档案管理与服务模式创新研究[J].办公室业务，2021（18）：152-153.

[35]贾越.信息化时代背景下人事档案管理模式创新的路径研究[J].信息记录材料，2020，21（09）：40-41.

[36]李嫦青.信息化时代档案管理创新与服务模式变革[J].城建档案，2020（08）：28-29.

[37]张忠良.信息化时代创新档案管理服务模式探究[J].档案管理，2019（02）：94-95.

[38]贾坤涛.信息化时代人事档案管理模式创新路径研究[J].中国管理信息化，2019，22（07）：143-144.

[39]陈旭平.信息化时代人事档案管理模式创新路径[J].中国管理信息化，2019，22（18）：177-178.

[40]吴雅鸣.大数据时代档案个性化服务的机遇和挑战[J].四川档案，2018（01）：48-49.

[41]金凡.试析网络环境档案信息个性化服务[J].档案与建设，2006（S1）：22-23.

[42]于钊.档案个性化服务模式研究[D].长春：东北师范大学，2015（5）：8-10.

[43]朱笛.社会化媒体环境下档案信息个性化服务模式研究[D].上海大学，2015.

[44]唐佳欣.数字档案馆个性化服务研究[D].武汉：华中师范大学，2017（2）.

[45]吕洋.一汽股份公司财务共享中心运营管理优化研究[D].吉林大学，2022.

[46]许秀.高校档案管理与信息化建设研究[M].哈尔滨：哈尔滨工业大学出版社，2020.

[47]刘祎.档案管理[M].长春：吉林人民出版社，2018.

[48]潘美恩，廖思兰，黄洁梅.医院档案管理与实务[M].长春：吉林科学技术出版社，2022.

[49]宋晓芬，李思思，刘妍.人力资源与档案管理[M].哈尔滨：北方文艺出版社，2022.

[50]黄河，叶淑仪，傅爱娟.档案管理与实务分析[M].北京：北京工业大学出版社，2021.

[51]王玉玲.新时期档案管理与开发利用研究[M].吉林：吉林出版集团股份有限公司，2022.

[52]李辉.新时期数字档案管理与研究[M].北京：北京工业大学出版社，2021.

[53]朱玉媛.档案学基础[M].武汉：武汉大学出版社，2008.